Leader authentique

Groupe Eyrolles
61, bd Saint-Germain
75240 Paris Cedex 05
www.editions-eyrolles.com

Leader authentique

2e édition

Sommaire

PARTIE I
Répondre à sa vocation

PARTIE II
Servir ses équipes

PARTIE III
Libérer ses talents

Préface

Voici un guide de sagesse pratique à l'attention des dirigeants.

Ce guide repose sur un postulat : le pouvoir du dirigeant ne réside pas d'abord dans la contrainte d'un rapport de forces entretenu avec son entourage. Le pouvoir du dirigeant dépend d'abord de l'autorité qu'il incarne, c'est-à-dire de sa capacité à obtenir le meilleur de ses parties prenantes au service de la mission qui lui est confiée.

Le monde qui se déploie et se transforme devant nous rend chaque jour ce postulat un peu plus crédible. L'autoritarisme du petit chef et le cynisme du grand autocrate manipulateur ne sont pas révolus, loin s'en faut, mais apparaissent chaque jour plus insupportables, plus décalés et, pour tout dire, plus inefficaces. Des coups de boutoir des générations X, Y ou Z à la révolution digitale (qui est une révolution des relations humaines au travail et en société avant même d'être une révolution technologique), chacun voit que les collectivités humaines (familles, entreprises, nations…) sont conditionnées d'abord par la qualité de leurs leaders et non par l'hypothétique déterminisme de leur environnement ou de leurs structures.

Restons-en à l'entreprise et à l'exercice tout simple que nous propose ce guide une fois admis son postulat de départ quant au fondement du pouvoir du dirigeant : examiner la cohérence de notre pratique professionnelle et des choix que nous faisons quotidiennement avec notre vocation et nos convictions personnelles et accepter de le faire en vérité, dans l'isoloir tranquille de notre conscience. Se livrer à ce jeu avec la dose d'humilité, de bienveillance et d'humour vis-à-vis de nous-mêmes qui conviendra. Se laisser guider par les exercices pratiques et les questions bien ajustées qui les composent. Surtout, être attentifs aux dissonances, aux écarts, parfois subtilement cachés, parfois tellement évidents que nous ne les voyons plus, entre ce que nous croyons ou ce que nous prétendons et ce que nous faisons.

C'est l'examen de ces petites ou grandes incohérences qui nous mettra sur la voie du trésor caché que nous portons. Les énigmes de cette quête sont des questions simples, souvent connues ou même familières, parce qu'elles portent sur des sujets pour nous importants, voire franchement capitaux, mais nos réponses peuvent être fuyantes, alors même qu'elles ne dépendent que de nous : *quelle est ma vocation professionnelle ? Pour quelles raisons mes actes sont-ils parfois (souvent) en décalage avec mes convictions ? Pourquoi ne vais-je pas plus souvent (systématiquement) au bout de ce que je crois être juste ?*

Au bout, précisément, le trésor qui nous attend est la paix intérieure, richesse incomparable pour l'action, à entretenir quotidiennement par la méthode parfaitement non ésotérique proposée par ce guide, qui nous met en relation avec ce que nous avons de meilleur en nous-mêmes pour le service des autres.

Vous avez compris ! Dans ce guide pratique et les exercices qu'il propose, «ce qui se fait à l'intérieur se voit à l'extérieur». Et puisqu'en cela il rejoint les promesses d'un yaourt bien connu, buvons sans modération les lignes qui suivent ! À la santé de tous !

Jérôme Lacaille
Directeur général du Crédit Immobilier de France

Remerciements

Ce livre ne serait pas sans les exemples nombreux de dirigeants et de décideurs qui – à telle ou telle occasion – ont laissé entrevoir avec humilité et générosité les fondations intimes de leur engagement et le chemin qu'ils ont parcouru pour y parvenir.

Je tiens en particulier à remercier pour leur temps et leur contribution Jérôme Lacaille pour sa préface et pour sa confiance, l'ensemble des leaders témoins de cet ouvrage : Stéphane Ragusa (Statlife), Marie-Gabrielle Wintenberger, Miriam Ryan (Safran Landing Systems), Xavier Durroux (Imperial Tobacco), Eric Mestrallet (fondation Espérance Banlieues), Fabrice N'Kom (Imperial Tobacco), Louis de Lestanville, Élodie Le Gendre (Sevenstones), Eddy Jolicoeur (The Mauritius Commercial Bank). Ainsi que Michel Rollier (ancien gérant de Michelin) et Xavier Grenet (ancien directeur des ressources humaines en charge du développement des dirigeants de Saint-Gobain), dont les apports à la première édition restent d'une grande pertinence. Ce livre ne serait pas sans les dirigeants – en entreprise ou au gouvernement – qui m'ont fait confiance pour des missions ambitieuses malgré ma jeunesse.

Il ne serait pas non plus sans chacun des membres des équipes qui m'ont été confiées. Soit parce qu'ils ont été les « victimes » de mes erreurs et je leur en demande pardon. Soit parce qu'ils m'ont encouragé à expliciter les ressorts d'une pratique pour la partager et la transmettre. Et, parmi eux, une mention toute spéciale à Olivier Bouet et Clémence de Sarazignac qui m'ont aidé dans la confection de cet ouvrage.

Il serait encore moins sans le soutien de mon épouse et la compréhension de chacun de mes enfants.

Qu'ils soient tous remerciés pour leurs apports que j'ai essayé – sans doute maladroitement mais avec un grand désir de partage – de vous restituer dans les pages de ce livre : puisse celui-ci servir au plus grand nombre et nous aider ensemble à progresser pour le plus grand bien de notre société.

© Groupe Eyrolles

Avertissement

Vous tenez en main un ouvrage original : un livre à vivre, plus qu'à lire ! Son auteur aurait d'ailleurs aimé vous rencontrer pour vous offrir son écoute et engager avec vous un dialogue sur l'art difficile du leadership.

Il convoque dans cet ouvrage son expérience hors du commun – comme conseiller en développement du leadership au sein du cabinet Thomas More Partners qu'il a fondé en 2013, comme dirigeant de la modernisation de l'État entre 2007 et 2012 et comme consultant de direction générale – pour vous inviter à un cheminement, un retour sur votre propre expérience, afin de vous faire découvrir les contours de votre propre leadership «authentique», celui qui vous permettra – de manière unique – de mobiliser respectueusement (donc agilement) toutes vos facultés au service de la transformation et de la performance durables des organisations qui vous sont confiées.

Vous serez invité à esquisser les traits de votre propre leadership autour de trois axes.

- Votre vocation professionnelle, à laquelle l'auteur vous invite à «répondre».
- Votre attitude vis-à-vis des acteurs (équipes, pairs, tiers…), qu'il vous propose d'inscrire dans une dynamique de service.
- Le développement de vos propres talents pour vous permettre de faire passer vos équipes du rêve au projet, puis de l'observation à l'engagement et, enfin, à l'action.

L'auteur vous dévoile ainsi le panorama vaste et enthousiasmant de l'aventure de la construction de votre propre leadership

« authentique ». Vous découvrirez que ce type de leadership n'est ni un hasard ni un talent particulier donné à l'un plus qu'à l'autre. Il résulte d'une décision personnelle et d'un choix délibéré pour se former et progresser dans cette voie.

Accessible à tous ceux qui souhaitent diriger, il est aussi la clé de la réconciliation entre la notion de performance dans les entreprises et le respect des personnes – respect qui commence par le regard que porte le dirigeant sur lui-même.

À l'heure où nous parlons de transformation digitale, d'agilité, de performance durable, il est plus qu'opportun de donner les clés de cet apprentissage pour que tous ceux qui souhaitent ardemment cette réconciliation y trouvent une manière d'avancer concrètement et sûrement.

Introduction

« Travailler au bien commun est un devoir sacré.
Si l'on foule aux pieds le plaisir d'autrui
en poursuivant le sien, l'on commet une injustice ;
au contraire, si l'on se prive personnellement
de quelque chose, pour en faire don à autrui,
on remplit en vérité un devoir d'humanité
et de bonté qui n'enlève jamais autant de bien
qu'il n'en apporte. »

Thomas More

L'URGENCE POLITIQUE ET SOCIO-ÉCONOMIQUE D'UN SURSAUT DU LEADERSHIP

Notre société est en crise : c'est un fait que nul ne saurait discuter. Une crise du relativisme, bien sûr, mais, avant tout, une crise de sens et de confiance. Transition digitale, modification des rythmes de travail (*cf.* la vague de suicides des infirmières), éclatement des liens sociaux et de la famille, atomisation des modes de vie, éducation en perte de repères, institutions en recherche de légitimité, gestion médiocre des États, folie des marchés financiers, crise du crédit, vie politique dissoute, malaise dans les rapports au travail, pluralisme éthique : toutes les dimensions de notre société ne sont-elles pas aujourd'hui ébranlées par une crise de confiance qui grandit de jour en jour ?

Comment répondre à cette situation ? Dans ce contexte, lutter contre la perte de confiance est non seulement un impératif vital mais également une ardente obligation morale.

Il n'est pas improbable que cette crise soit liée à un désengagement progressif des lieux d'appartenance et de socialisation traditionnels (entreprises, partis politiques, Église, institutions), désengagement qui a conduit à l'affaiblissement d'une vision partagée et unifiée de l'homme et à un délitement progressif du lien social. La méfiance envers les autorités légitimes mine toute référence objective et possibilité de vie commune et amène à se focaliser sur l'individu matérialiste, à l'origine de nombreux excès.

Quel chemin choisir pour agir ? L'erreur consisterait à penser que nous ne pouvons rien faire, ou, à l'inverse, à croire que nous pouvons changer le système. La première voie reviendrait à admettre une fatalité niant à l'homme sa liberté. La seconde voie – pour tentante qu'elle soit – a été suivie tout au long du XXe siècle avec son cortège d'idéologies politiques qui ont également échoué à promouvoir la liberté de l'homme.

Quelle voie prendre ?

Ma conviction, forgée à l'aune d'expériences très concrètes en tant que dirigeant et haut fonctionnaire, est que la solution passe par le leadership.

Entendons-nous bien : il s'agit d'aller au-delà du « management des organisations » dont l'objectif – noble et important – est de réussir à les faire fonctionner le mieux possible. Le leadership, tel que je l'entends, consiste en cet art d'imaginer l'avenir et de déclencher des dynamiques qui le font advenir. Il présuppose donc – par nature – une vision de la personne et une vision du bien commun.

Ma vision est réaliste (au sens où elle part de l'expérience du réel). Elle pose comme principe le respect de la conscience de chacun. Elle choisit d'inviter chacun à l'analyse de sa propre expérience, et à l'exercice de sa liberté et de sa responsabilité. C'est d'ailleurs, selon moi, le rôle noble et éminent du leadership : la capacité à changer le cours des événements en interpellant l'intelligence et le cœur des hommes et des femmes.

Comme responsable de la modernisation de l'État entre 2007 et 2012, j'ai été le témoin privilégié de la conception et de la mise en œuvre de réformes de grande ampleur. Et un constat s'impose : là où un authentique leadership s'instaurait, les réformes s'accompagnaient d'une forte adhésion des personnels. Là où le leadership était défaillant, c'était le règne du *statu quo* ou du chaos qui généraient de la souffrance.

C'est pourquoi s'investir aujourd'hui dans le développement d'un leadership authentique répond en quelque sorte à un acte politique. La manière dont le futur advient dépend du leadership qui choisit ou non de se déployer. Les histoires personnelles et collectives reposent sur la libération du meilleur de nous-mêmes et sur l'ampleur de notre mobilisation.

La question à poser est bien celle du choix du modèle de leadership dont le monde a besoin. Ma conviction est que, pour répondre à cette crise, la réponse doit d'abord être celle du *service*. J'appelle ce leadership fondé sur le service le « *leadership authentique* ». Comme le disait déjà Albert Einstein, « il est grand temps de substituer à l'idéal du succès l'idéal du service ».

La notion n'est pas radicalement nouvelle, mais il devient urgent de s'interroger, de prendre conscience de notre responsabilité particulière, et d'envisager, avec le plus grand sérieux, cette pratique du leadership authentique, au même titre que toute autre pratique professionnelle.

QUE FAUT-IL ENTENDRE PAR « LEADERSHIP AUTHENTIQUE[1] » ?

Dans cet ouvrage, j'insiste sur les trois piliers fondamentaux du leadership authentique.

Le premier pilier repose sur la disponibilité du leader à remplir une mission, un dessein, une vocation qu'il porte en lui et qui le dépasse.

Identifier des moments vocationnels pendant lesquels il a servi « effectivement » et comme « naturellement » permet de discerner sa mission intérieure et constitue une première ouverture vers le leadership authentique.

Cette clé permet à chacun de déterminer sa vocation professionnelle. « Observer des situations extraordinaires et les faire connaître au plus grand nombre » ; « rendre le monde plus juste, en particulier pour les jeunes » ; « faire passer du rêve au projet » ; « briser des tabous indispensables au bonheur des gens » : voilà quelques exemples de vocations discernées par des dirigeants que j'ai accompagnés.

Le deuxième pilier consiste à repérer si le leader se rend disponible auprès de chacun de ceux qui participent à l'initiative de l'entreprise.

Prendre conscience que cette posture de disponibilité est à la fois fondamentale et subtile, qu'elle n'est jamais acquise une

---

1. La notion originale de *leadership authentique* a été décrite et enregistrée à l'Institut national de la propriété industrielle le 22 mars 2013.

fois pour toutes, ni en fonction des personnes ni au cours du temps, est la deuxième clé vers le leadership authentique.

Il s'agit de nous défaire de nos «masques», de ces prétendues qualités qui nous permettent de justifier notre non-disponibilité envers les équipes qui nous sont confiées. «Je suis une personne compétente», «je suis une personne serviable», «je suis une personne qui mérite d'être écoutée», «je n'ai pas le temps pour des tâches de second ordre»… autant d'idées préconçues que le dirigeant doit débusquer pour découvrir qu'elles lui occultent une partie importante de la réalité.

Le troisième pilier consiste, enfin, à savoir si le leader accepte de se transformer pour répondre aux exigences de la mission et de l'équipe.

Accepter d'évaluer son caractère, ses qualités personnelles, ses compétences, en fonction de ce qui est nécessaire pour la mission et chercher à s'adapter pour la mettre en œuvre est la troisième clé vers le leadership authentique. Le leader devra se laisser transformer pour développer en particulier trois capacités : celle de faire passer ses équipes du rêve au projet, de l'observation à l'engagement et, enfin, de «faire advenir».

Choisir de *se rendre disponible à sa vocation professionnelle* et *se rendre disponible pour chacun* conduit naturellement à *se transformer pour développer le meilleur de soi,* au bénéfice de son entourage : c'est le cercle vertueux du leadership authentique.

S'il adhère à ces trois critères, le leader devient l'épicentre d'une dynamique collégiale. Il est de sa responsabilité de choisir les lieux dans lesquels son leadership va s'épanouir opportunément : il choisira ou créera une organisation, puis, au sein de cette organisation, acceptera de remplir une mission en résonance avec sa vocation professionnelle. C'est ainsi que les organisations seront vitalisées de l'intérieur par des leaders authentiques. C'est ainsi qu'elles bénéficieront d'un dynamisme de transformation sans pareil. Ainsi, ultimement, ce dynamisme rayonnera dans la société tout entière.

QUE FAIRE, ALORS ?

Dans un monde perpétuellement en quête d'une réconciliation entre recherche de performance et respect des personnes, la «crise» est à la fois un défi et une opportunité pour nous tous. Une opportunité car nos sociétés cherchent manifestement des solutions et sont plus à même de s'ouvrir à des idées ou des options différentes. Un défi car le problème est éminemment profond, résultat d'années d'insouciance et de la lente assimilation d'une «certaine vision du monde».

Dans ce contexte, conscients qu'il y a urgence à répondre et désormais prêts à assumer les conséquences sur leur propre personne, les dirigeants pourraient avoir l'ambition d'assimiler les modalités d'un renouveau du leadership.

Nous espérons que cet ouvrage vous offrira des clés utiles pour votre pratique et celle de ceux qui vous entourent. Il vous invite à un *cheminement personnel vers le leadership authentique*. Il ne s'agit pas d'une lecture dont vous seriez spectateur. Ce livre est conçu comme un dialogue. Votre engagement en est la matière indispensable.

Sachez que rien ne pourra s'accomplir sans vous, mais qu'il suffit que nous soyons une poignée bien déterminée pour qu'une réelle différence puisse se percevoir : développer un leadership authentique est une démarche ambitieuse, mais elle réserve tant de belles surprises !

Cet ouvrage est un début de conversation entre vous et moi. J'aimerais la prolonger en vous rencontrant – comme j'ai déjà rencontré des centaines de dirigeants – tant votre regard sur ce sujet m'est précieux.

Je désire qu'il ouvre un chemin qui nous aide à répondre avec énergie et enthousiasme à la situation de notre société et qui conduise au déploiement d'un nouveau type de leadership dans notre pays et dans le monde, dans toutes les sphères de responsabilité, publiques ou privées, afin de servir un mieux-vivre ensemble et de soutenir une écologie économique saine et durable.

PARTIE I

Répondre
à sa vocation

Un leader est efficace et épanoui lorsqu'il est au service d'un dessein plus vaste que lui – sa vocation professionnelle – et qu'il formule explicitement sa disponibilité à ce dessein. Pour cela, il devra franchir trois étapes successives : rechercher le sens de son engagement professionnel, discerner sa vocation professionnelle et la choisir.

CHAPITRE 1

Rechercher le sens de son engagement professionnel

« L'important est de faire appel au potentiel le plus élevé de l'homme : celui de transformer une tragédie personnelle en victoire, une souffrance en réalisation humaine. »

Viktor Emil Frankl

LE SENS, dimension souvent jugée naïve, superflue ou éloignée de la sphère professionnelle, est essentiel pour le leader. C'est le sens qui donne la clé, non seulement de la mobilisation optimale de toutes ses facultés, mais aussi de sa présence «ici et maintenant». Le leader authentique veille à travailler sa capacité à formuler et à donner du sens à chaque instant, véritable gage de sa présence.

ENJEU

Ce n'est pas un hasard si cet ouvrage commence par la question du sens. Loin d'être une fioriture, le sens est la clé de voûte de la mobilisation durable et optimale de toutes les facultés du leader qui lui permettent d'améliorer sa performance professionnelle.

Le sens convoque toutes vos facultés : physiques, émotionnelles, intellectuelles et spirituelles ; autant de prérequis à votre présence à l'autre. Cette qualité de présence est la condition indispensable pour déclencher la mise en mouvement de l'autre. Pas de leadership sans présence, pas de présence sans sens et, par conséquent, pas de leadership sans sens.

PRINCIPE

Le sens est la source ultime de tout engagement vital. C'est ce qu'a constaté, puis appliqué, Viktor Emil Frankl (1905-1997), fameux psychiatre de Vienne, survivant des camps de concentration.

Son constat – exposé dans son ouvrage *Man's Search for Meaning*[1] – est le suivant : «*Dans les camps de concentration, les aptes à survivre étaient les prisonniers qui avaient une tâche à accomplir après leur libération.*» Cette tension vers ce qu'ils avaient à accomplir leur permettait de donner un sens à ce qu'ils vivaient et ainsi de survivre en mobilisant jusqu'à leurs ultimes ressources.

Créateur d'une nouvelle forme de thérapie baptisée la «logothérapie», Viktor Emil Frankl adopte le principe selon lequel la recherche de sens est la motivation première de l'existence humaine. Il défend donc que l'homme peut choisir librement sa perspective, sa position et son attitude face aux conditions intérieures et extérieures de son existence. En reconnaissant les valeurs qui l'attirent, en découvrant l'être unique qu'il est, l'homme réalise les meilleures potentialités inscrites dans sa situation de vie concrète, en fonction de ses propres qualités et compétences. Ce faisant, il engage toutes ses facultés. Telle est la puissance du sens.

MÉTHODE

Pour mobiliser à chaque instant l'ensemble de vos facultés, deux étapes doivent être franchies : dans un premier temps, être présent au présent ; dans un second temps, donner du sens à chaque instant en formulant le sens de votre action.

Pour la première étape, les techniques de «pleine conscience» semblent particulièrement indiquées et je vous renvoie à ces auteurs plutôt que de faire ici de longs développements. En quelques mots, il s'agit de s'entraîner à vivre en ayant conscience

---

1. Londres, Rider, 2004.

de tout ce qui nous constitue et de notre rapport au monde (notre corps, nos émotions, nos pensées…).

« La pleine conscience consiste à intensifier sa présence à l'instant présent, à s'immobiliser pour s'en imprégner au lieu de s'en échapper ou de vouloir le modifier par l'acte ou la pensée » (Christophe André[1]).

La seconde étape requiert de s'engager intentionnellement dans chaque action, par exemple en se disant intérieurement : «Je fais ceci en vue de…» Nous ferons ainsi ce que nous devons (car nous ne donnerons pas suite à une action qui n'aura pas de sens) et nous serons totalement à ce que nous faisons (car l'action revêtant un sens pour nous, elle mobilise toutes nos facultés).

Cette pratique n'est pas aussi difficile à mettre en œuvre qu'elle peut le paraître à première vue. Certes, trop souvent, sans doute parce que nous avons l'habitude de nous cantonner à d'autres considérations (le confort, la rétribution matérielle, le regard des autres…) ou parce que le présent n'est finalement pas si exigeant, nous nous passons aisément du sens. Les journées s'enchaînent sans susciter d'interrogation et finissent par tisser notre existence. Nous prenons alors conscience de l'érosion progressive de notre engagement. Donner sa chance au sens en nous efforçant de vivre de manière consciente et intentionnelle, c'est accéder à la performance maximale. Et cela grâce à un choix simple : donner du sens à ce que nous faisons et faire ce qui a du sens !

---

1. *Méditer, jour après jour*, Paris, L'Iconoclaste, 2011.

CE QUE CELA A CHANGÉ POUR
Stéphane Ragusa, Statlife

À 8 ou 9 ans, je suis allé à l'hôpital où j'ai vu des personnes très malades. Je me souviens m'être demandé pourquoi personne ne les avait soignées avant. Ce souvenir est resté ancré en moi. J'ai grandi, je suis entré en classes préparatoires, puis à l'X. J'ai commencé à travailler dans la banque où j'ai découvert les méthodes de prédiction de risques et de scoring. Cependant, je ne voyais pas de sens à ce métier. J'ai donc décidé de m'inscrire en thèse de biologie moléculaire, ce qui m'a permis d'être maître de conférences en mathématiques appliquées à la biologie/médecine. J'enseignais aux jeunes médecins les méthodes pour tester l'efficacité des médicaments ou aux ingénieurs l'analyse des génomes. J'ai toujours voulu faire de la recherche appliquée en raison de son utilité immédiatement perceptible. Cependant, je n'avais pas encore discerné le sens de mon engagement professionnel, je savais que je voulais un métier utile mais n'avais pas encore le fil rouge. À cette époque-là, j'avais pris quelques kilos. En me renseignant pour les perdre, j'avais constaté le lien important entre l'alimentation et ma santé. En allant plus loin, je me demandais comment diminuer les risques et, surtout, j'étais surpris que rien n'existe pour quantifier les risques de pathologies en fonction du mode de vie. Ce fil rouge s'est alors révélé à moi de la même manière qu'une idée pouvait naître face à un problème de mathématiques pendant mes études ou face à un problème de recherche. Elle s'est imposée à moi en unissant ce que j'étais et ce que je savais faire : matheux, biologiste, enseignant en médecine... J'allais mettre les mathématiques au service de la médecine en appliquant les méthodes de prédiction aux patients. J'alliais la biologie et le scoring, l'académique et le monde de l'entreprise.

J'ai créé mon entreprise pour définir les trajectoires médicales de l'individu et appliquer l'adage « prévenir vaut mieux que guérir » en proposant des logiciels de prédiction. L'idée est donc de corriger la trajectoire tant qu'il est encore temps. Je ne suis pas dans la proximité avec le patient comme le

····▷

chirurgien, j'aime cette œuvre invisible qui sans faire de bruit modifie positivement la manière de soigner et d'accompagner les patients de manière simple. Dans mon travail, je suis mes intuitions et je les affine avec le temps ; chaque expérience permettant de savoir *a posteriori* si j'ai bien discerné. C'est un apport du leadership authentique de s'aligner de manière agile pour être et faire exactement ce que l'on doit au moment opportun.

ET VOUS ?

L'impact spectaculaire d'un parcours fondé sur un engagement fort de sens peut nous laisser croire, à tort, que ceux-ci ne sont réservés qu'à des personnalités bien particulières. Je ne crois pas qu'il en soit ainsi. Au contraire, la puissance du sens est accessible à chacun d'entre nous dès lors que nous décidons de vivre à un fort niveau d'engagement et que nous prenons les moyens d'accorder du sens à ce que nous faisons.

C'est ainsi qu'un dirigeant nous a confié : « *Ma mission de chaque jour, c'est mon agenda. L'habiter et ne pas le subir est un enjeu clé.* »

Afin d'en prendre conscience, un premier pas consiste à analyser le niveau de votre engagement dans les événements de la semaine à venir et de l'évaluer selon l'étendue des facultés que vous avez mobilisées : corporelles, affectives, intellectuelles, spirituelles.

Pour chaque jour de la semaine à venir, je vous propose de prendre du temps en soirée pour répondre aux questions suivantes pour chaque séquence de votre temps :

• Étais-je seulement physiquement présent(e), sans autre forme d'engagement ?

- Étais-je partiellement engagé(e) (au moins une faculté n'est pas mobilisée) ?
- Étais-je totalement engagé(e) (toutes mes facultés sont mobilisées) ?
- Et, pour chaque activité dans laquelle j'étais totalement engagé(e), est-ce que cette activité avait du sens pour moi ? Lequel ? Que puis-je constater ?

Mon engagement au cours de la semaine

	Lundi	Mardi	Mercredi	Jeudi	Vendredi
8 h -10 h	■▲◎	■▲◎	■▲◎	■▲◎	■▲◎
10 h -12 h	■▲◎	■▲◎	■▲◎	■▲◎	■▲◎
12 h-14 h	■▲◎	■▲◎	■▲◎	■▲◎	■▲◎
14 h-16 h	■▲◎	■▲◎	■▲◎	■▲◎	■▲◎
16 h-18 h	■▲◎	■▲◎	■▲◎	■▲◎	■▲◎
18 h-20 h	■▲◎	■▲◎	■▲◎	■▲◎	■▲◎

■ : je suis seulement présent(e) physiquement.
▲ : je suis partiellement engagé(e) dans l'échange / l'action.
◎ : je suis totalement engagé(e) dans l'échange / l'action.

Résumé du chapitre

- Pour être totalement engagé, nous avons besoin de formuler intérieurement une intention et d'y adhérer.
- Le sens est la condition de notre présence à l'autre, de la mobilisation de toutes les énergies, donc de notre leadership.
- L'analyse de l'agenda révèle que le sens est un levier fondamental d'amélioration de la qualité de sa présence à l'autre.

CHAPITRE 2

Discerner sa vocation professionnelle

*« La vocation est un torrent qu'on ne peut refouler,
ni barrer, ni contraindre. Il s'ouvrira toujours
un passage vers l'océan. »*

Henrik Ibsen

DÉCIDER de donner un sens à chaque instant est un des fondements du leadership authentique. Mais il importe également de pouvoir le formuler de telle manière qu'il présente une certaine continuité. C'est ce sens, qui appartient davantage au leader qu'à l'action qu'il mène, que j'appelle « sa vocation professionnelle ». À partir de moments « vocationnels », chacun peut discerner, puis articuler le sens directeur de son action personnelle. Là se situe la clé de l'engagement intégral du leader et de sa présence complète à tous et à chacun. Il aura ainsi déterminé le lieu, la source naturelle de son leadership.

ENJEU

Parvenir à accorder du sens à chaque instant de notre vie ouvre la possibilité d'une utilisation optimale de nos facultés, et représente une condition préalable à l'enjeu de présence et au développement d'un leadership authentique. L'enjeu de ce chapitre est de vous permettre – très concrètement – de trouver et d'articuler votre « vocation professionnelle », c'est-à-dire la ligne directrice d'une action personnelle durablement cohérente et engagée.

PRINCIPE

L'unité de notre personne est à la fois une évidence et un paradoxe.

Une évidence, car qui ne se sent pas interpellé de manière totale lorsque, par exemple, son prénom est prononcé ? Qui aurait l'idée de répondre : « Qui de nous appelles-tu exactement ? »

Chacun de nous a, de ce point de vue, l'expérience de son
« unité ».

Mais cette unité est aussi un paradoxe : force est de constater que
notre expérience quotidienne nous conduit à afficher différents
visages, différentes personnalités, en fonction des lieux, des circonstances et des personnes que nous sommes amenés à rencontrer lors de discussions et de réunions…

Ainsi, l'unité de notre personne semble à la fois être un « déjà-là »
et une conquête.

De nombreux auteurs l'ont confirmé par leur recherche et
leurs activités d'accompagnement de personnes. L'ouvrage
On Becoming a Person de Carl Rogers[1] est probablement la
référence incontournable en la matière. Dans la tradition
hassidique, Martin Buber décrit également la recherche de
l'unité dans son ouvrage *Le Chemin de l'homme*[2]. Puisant à
la tradition chrétienne, Herbert Alphonso, dans son ouvrage
Tu m'as appelé par mon nom[3], nous éclaire, quant à lui, sur la
notion de vocation.

C'est sur la base de ces héritages et de ces expériences que
je vous propose de vous engager dans ce chapitre : si nous
sommes certains que notre unité existe, il s'agit alors – par un
effort conscient – de la découvrir, de la nommer pour pouvoir en vivre à chaque instant, et ainsi de trouver la clé d'un
engagement total au présent, véritable fondement du leadership. C'est alors que vous pourrez discerner votre « vocation
professionnelle ».

---

1. Boston, Mariner Books, 1995.
2. Paris, Alphée, 2005.
3. Paris, Saint-Paul, 1995.

MÉTHODE

Pour mieux discerner votre vocation professionnelle, je vous propose une démarche simple à partir de ce que j'appelle les « moments vocationnels ».

Un « moment vocationnel » est un moment de notre existence – qui peut durer entre 15 et 20 minutes – répondant à trois critères bien précis :

- Nous rendons service à une personne ou à une équipe ;

- Ce service semble émaner « naturellement » de notre personne. Nous sommes profondément engagés dans le présent, sans préoccupation pour le passé ou pour l'avenir et nous éprouvons sérénité, joie, désir de bien faire ; en un mot, nous ressentons profondément que nous sommes la bonne personne, au bon endroit, au bon moment, faisant ce qui doit l'être ;

- La personne (ou l'équipe) qui bénéficie de notre service est elle-même très engagée dans l'instant et ressent – sans forcément l'exprimer verbalement ou immédiatement – de la gratitude.

Prenez quelques instants pour lister ces moments. Ce sont peut-être des périodes assez longues de votre vie qui vous viendront spontanément à l'esprit. Prenez alors le temps de retrouver le moment le plus emblématique de cette période, jusqu'à identifier un instant précis, de l'ordre d'une demi-heure.

En faisant cette sélection de moments, veillez bien à ce que les trois critères énoncés ci-dessus soient remplis. L'ultime test d'authenticité est – d'après les considérations du premier chapitre – que toutes nos facultés doivent être mobilisées.

MOMENT VOCATIONNEL

Je rendais service, ce service m'était très « naturel » et j'étais très engagé dans le présent, tout comme les personnes qui en bénéficiaient quand...

Moment authentique illustratif :

... j'ai explicité au directeur général les différentes options qui se présentaient à l'entreprise pour conquérir le marché chinois.

Moment vocationnel 1

....

....

....

Moment vocationnel 2

....

....

....

Moment vocationnel 3

....

....

....

Moment vocationnel 4

....

....

....

© Groupe Eyrolles

Reprenez maintenant chacun de ces moments authentiques en répondant aux deux questions suivantes (celles-ci sont un moyen d'identifier une seule et même réponse depuis deux perspectives différentes) :

- Qu'ont reçu les bénéficiaires de mon service ?
- À ce moment-là, le service que je fournissais était de…

Ainsi pouvez-vous à présent compléter la grille qui suit. Elle propose, pour chaque moment authentique, une synthèse des réponses à ces deux questions.

SERVICE RENDU

Illustration :

Question 1. *J'ai proposé une décision lourde de conséquences pour la pérennité l'entreprise avec de nombreux éléments qui en étayent le bien-fondé.*

Question 2. *Le directeur général a pris avec sérénité la décision selon ma recommandation.*

Synthèse. *Permettre à mon directeur général de prendre une décision opportune sur un sujet engageant la pérennité de l'entreprise.*

Au cours du moment vocationnel 1...

Q1. ....

....

....

Q2. ....

....

....

Synthèse. ....
....
....

Au cours du moment vocationnel 2...

Q1. ....
....
....
....

Q2. ....
....
....
....

Synthèse. ....
....
....

Au cours du moment vocationnel 3...

Q1. ....
....
....
....

Q2. ....
....
....
....

Synthèse. ....
....
....
....

Au cours du moment vocationnel 4...

Q1. ....
....
....
....

Q2. ....
....
....
....

Synthèse. ....
....
....
....

Je vous invite, à partir des services que vous rendiez à cha-cun de ces moments, à rédiger une unique phrase de synthèse. Cette phrase doit faire sens, c'est-à-dire être intentionnelle-ment, émotionnellement et intellectuellement représentative de ces moments vocationnels.

Prenez un instant pour rédiger cette phrase.

VOCATION PROFESSIONNELLE

Exemples :

Permettre à des personnes d'influence de prendre des décisions opportunes sur des sujets à fort enjeu économique.

Permettre à quelqu'un de révéler ce qu'il porte en lui de plus précieux.

Aider quelqu'un à donner le meilleur de lui-même.

Ma vocation professionnelle est de...

....

....

....

....

....

Deux critères permettent d'évaluer la pertinence de votre phrase. Sa lecture doit nous donner, d'une part, l'impression d'une paisible énergie et nous conduire, d'autre part, à penser qu'«il est indispensable que ce service soit rendu». Vous devez finalement pouvoir vous dire : «C'est ce que j'ai à faire, tout simplement.»

Avec cette phrase, vous disposez désormais d'un guide sûr pour relire vos journées et y découvrir soit des actions qui devraient progressivement disparaître car elles ne relèvent pas de votre vocation, et sont même en incohérence ; soit des actions qui ne demandent qu'à y être explicitement rattachées pour qu'elles trouvent tout leur sens ; soit des actions qui sont en accord avec votre vocation professionnelle et vécues comme telles.

Relisez maintenant, grâce au tableau ci-dessous, chaque journée de la semaine qui vient à la lumière de ce qui vient d'être dit. Qu'en concluez-vous ?

Mes actions de la semaine

	Lundi	Mardi	Mercredi	Jeudi	Vendredi
8 h -10 h	■▲☺	■▲☺	■▲☺	■▲☺	■▲☺
10 h -12 h	■▲☺	■▲☺	■▲☺	■▲☺	■▲☺
12 h-14 h	■▲☺	■▲☺	■▲☺	■▲☺	■▲☺
14 h-16 h	■▲☺	■▲☺	■▲☺	■▲☺	■▲☺
16 h-18 h	■▲☺	■▲☺	■▲☺	■▲☺	■▲☺
18 h-20 h	■▲☺	■▲☺	■▲☺	■▲☺	■▲☺

■ : une action incompatible avec ma vocation.
▲ : une action en ligne avec ma vocation mais non vécue comme telle.
☺ : une action en ligne et vécue comme telle avec ma vocation.

À LA RENCONTRE DE SA VOCATION PROFESSIONNELLE

Depuis des années, j'accompagne des dirigeants dans la découverte de leur vocation professionnelle. À chaque fois, le moment où celle-ci s'articule est accompagné d'un sentiment de joie profonde, comme une « épiphanie », pour reprendre l'expression d'un dirigeant. C'est l'occasion de prendre conscience de la cohérence fondamentale, et cachée jusqu'alors, de ce qui nous fait avancer.

L'émotion associée à cette « épiphanie » dépend, semble-t-il, de la distance séparant notre vie actuelle de notre vocation. Plus elle est grande, plus l'émotion sera intense, reflétant alors un désir profond qui peut enfin faire surface et s'exprimer au grand jour.

Un responsable de salle de marché réalisait ainsi avec émotion à l'occasion de notre dialogue que sa vocation est d'«*organiser des débats pour que la vérité et la justice soient mieux vécues dans notre société*».

Un rédacteur en chef d'un magazine prenait conscience de la douce et forte tranquillité qu'il éprouvait devant sa vocation d'«*assister à des événements extraordinaires et les faire connaître au plus grand nombre*».

La connaissance de cette vocation est un atout majeur pour ordonner son existence, donner à chaque instant son sens et fonder – au plus intime de soi – la source de son leadership.

Un dirigeant, témoin privilégié, le synthétise ainsi : « *C'est dans le sens donné à l'acceptation d'une mission que le dirigeant puise des ressources précieuses pour persévérer. Les moments de transition sont des moments clés. Mais ne nions pas non plus que nous découvrons en partie notre vocation professionnelle a posteriori et qu'alors notre responsabilité est d'adhérer à notre vie telle qu'elle se déploie.*»

CE QUE CELA A CHANGÉ POUR
Marie-Gabrielle Wintenberger,
directrice d'un réseau de professionnels de santé

Vivre sa vie, ce n'est ni la choisir ni la subir, mais y consentir. Cette conviction m'habite depuis longtemps mais je peinais à réaliser que sa mise en œuvre est un défi impossible à relever seule.

Quand je découvre le leadership authentique, je mène une vie à un rythme haletant qui me convient bien. J'ai l'impression que je « gère » efficacement une multitude d'engagements en y mettant tout mon enthousiasme. Si des clignotants s'allument, ils ne m'arrêtent guère. Je ne perçois ni mes imprudences, ni mon activisme, ni les risques de découragement, de dispersion ou de fuite. Je trouve amusant d'être classée dans la famille des « trop » et, dans une attitude volontariste, je me persuade que « ça ira » ! Par moments, quand j'en ai besoin, je rebondis sur le roc et cela suffit pour remonter à la surface. Le reste du temps, je suis, en quelque sorte, en apnée.

Pourtant, je pressens que ma vie pourrait prendre une autre tournure ; qu'il pourrait m'être demandé plus ou autrement, que je gagnerais sûrement à faire un bilan. La présentation du leadership authentique faite par des amis attise ma curiosité.

Je me laisse prendre au jeu, tel un boy-scout dans la forêt. Je comprends qu'il y a une mission à remplir, des messages à décoder, des sentiers à défricher, des moyens concrets à garder dans sa besace et des personnes à rencontrer. Ainsi sera-t-il possible de vivre à fond la belle aventure de ma vie. Car, en réalité, ça n'est pas de ma vie professionnelle, mais de ma vie tout court, dont il sera question.

C'est le moment du questionnement, de l'étonnement, du discernement et de l'accompagnement.

La réalité dépasse rapidement mes attentes. Au fil des cycles parcourus, d'une matinée de codéveloppement et d'échanges bienveillants, je me rends à l'évidence : dans cette vie trépidante, il y a une source de bien en chaque homme, c'est de là que jaillit spontanément le don de moi-même dans l'action.

Ne pas être l'origine, quel soulagement !

Alors, à quoi suis-je destinée ? « Faire éclore la vie ! » : après plusieurs sessions, ça y est, nous y sommes ! Voilà le fil qui relie les plus beaux moments de ma vie, ce que j'ai reçu, ce que j'ai à offrir.

L'explicitation de la vocation suscite l'émerveillement.

Ma sensation initiale d'activité boulimique prend alors une autre forme : revenue à la source intarissable du bien dans ma vie, je m'y abreuve à l'envi. Faire éclore la vie en moi et chez ceux qui m'entourent. Dans l'épaisseur du réel, laisser ce flot traverser mes vulnérabilités. Non, je ne suis pas seule. Les conséquences intérieures sont immédiates et fortes : Accueil, Joie, Paix. Puis, plus tard, Force et Justice.

Temps heureux d'intériorité et d'apaisement.

Les regards bienveillants et les paroles encourageantes de mes proches – mari, frère, conseillers, amis, collègues – m'ont permis de faire le grand saut pour assumer ma mission. Comme me le dit alors une amie : «*Laisse se déployer en toi la puissance de ton leadership!*» Lever des autocensures, me vider du trop-plein de moi-même et laisser la vie éclore sans limites. Il ne s'agit plus désormais de contempler avec émotion la beauté de ma vocation mais d'y répondre pleinement.

Le courage du consentement.

Les intuitions jaillissent alors à profusion! Ne nous leurrons pas, cependant, le chemin de l'adhésion est tour à tour joyeux, sinueux, droit, douloureux, glorieux mais c'est toujours la même force bienveillante qui pousse à l'action.

Voilà donc en quelques mois un nouveau plan de vie qui se dessine.

À) *Je suis sous la vague*, répondre *Plongeons quotidiens dans l'océan de bien qu'est mon moment-ressource.*

À) *Solitude du leader ou de la mère de famille*, substituer *Présence en moi.*

À) *Mitraillage de choses à faire*, préférer *Répondre dans l'instant à ma vocation.*

À) *Ambition,* penser *Développement de mes talents pour offrir au monde le meilleur de moi-même.*

Enfin, reformuler l'angoissant « *Y arriverai-je ?* » en cette parole confiante : « *Comment cela va-t-il se faire ?* »

Ainsi, sur le plan personnel, ai-je réinvesti la sphère familiale et accueilli un nouvel enfant. Sur le plan professionnel, ma mission s'est décuplée et, à ce jour, j'ai l'intime conviction que le meilleur est à venir.

Le consentement permet un déploiement.

Organiser un chat-ballon, répéter une conférence, sourire à un passant ou offrir à mes équipes un projet un peu fou... La vie est ainsi faite, de petites attentions et de grandes décisions. De dons spontanés et de sauts dans la confiance. Mais c'est le même élan d'adhésion à ma vocation !

Mon défi ? Ne jamais dédaigner cette source de bien qui est en moi, elle m'a été offerte. Saurai-je m'y abreuver, à chaque instant, toute ma vie ?

Cette fidélité est le secret du rayonnement !

ET VOUS ?

À ce stade, vous serez éventuellement parvenu à articuler votre vocation professionnelle... ou, peut-être, en serez-vous encore tout au début. Dans la réalité, l'expérience montre que chacun a plus ou moins de difficultés à y parvenir selon son expérience, sa maturité, son habitude à questionner le sens de son action, la profondeur des réflexions menées lors des choix majeurs de son évolution professionnelle. Néanmoins, l'expérience m'a montré que chacun de nous, grâce à un accompagnement avisé, peut accéder à ce discernement.

Comment ensuite accueillir cette vocation pour qu'elle devienne la colonne vertébrale de notre existence ? Ce chemin n'est pas aisé et fait l'objet du troisième chapitre.

Résumé du chapitre

- Discerner sa vocation professionnelle donne son sens à tout engagement professionnel.
- Nous ne choisissons pas notre vocation : elle se révèle à nous à travers l'analyse de « moments vocationnels ».
- L'analyse de notre agenda nous permet d'évaluer le niveau de cohérence entre l'occupation de notre temps et notre vocation professionnelle.

Choisir sa vocation professionnelle

«Vis comme si tu devais mourir demain.
Apprends comme si tu devais vivre toujours.»

Gandhi

QUI n'a pas constaté que sa vocation professionnelle ne reflétait qu'une mince partie de son activité professionnelle ? Cette question est fondamentale pour le leader, car plus son engagement professionnel est en cohérence avec sa vocation professionnelle, plus son leadership gagne en authenticité et en impact. Mais le chemin de l'adhésion à sa vocation professionnelle peut se révéler long ; de nombreux paramètres viennent interférer, provenant de l'extérieur (comme la pression, les anticipations des tiers) ou de l'intérieur (les idées que nous nous faisons sur nous-mêmes, ce que nous projetons à l'extérieur, nos envies). Or, le plein épanouissement professionnel – et donc le leadership authentique – advient lorsqu'il y a coïncidence entre la réalité, le sens et l'adhésion à ce sens. C'est pourquoi le leader authentique aura à cœur de se rendre très concrètement « disponible » à sa vocation professionnelle.

ENJEU

L'enjeu de ce chapitre est des plus essentiels, osons le dire. Il s'agit bel et bien de décider si nous allons vivre notre vie ou celle d'un autre. Certes, la question ainsi formulée incite à répondre par l'affirmative : « Oui, c'est bien ma vie que je veux mener et non celle d'un autre ! » Mais, dans les faits, la réponse n'est pas si simple.

PRINCIPE

La question soulevée à cette étape est celle de la liberté intérieure, c'est-à-dire notre capacité à effectuer un choix personnel et à l'assumer. De nombreux ouvrages – issus de toutes traditions spirituelles – l'ont affirmé : la liberté intérieure participe de nos plus nobles facultés. La fierté de notre existence en découle. Nous avons toujours le choix de poser tel ou tel acte. Et notre responsabilité consiste à effectivement mobiliser cette liberté à bon escient.

Si nous pouvons débattre des limitations imposées à notre liberté (histoire personnelle, circonstances et conditionnements, pressions diverses...), nous verrons dans la deuxième partie de cet ouvrage que cette relecture tient souvent de l'alibi. Fondamentalement, pourquoi aurions-nous le désir de vivre une vie que nous ne choisissons pas ? Et ces alibis que nous invoquons ne réduisent pas à néant notre liberté, mais soulignent la nécessité d'une méthode permettant de poser un acte intérieur fort, et, partant, de déployer notre vocation professionnelle.

MÉTHODE

Je vous propose de suivre un cheminement en trois étapes pour vous aider à choisir votre vocation professionnelle. La première étape vous incite à exercer votre discernement et à aiguiser votre volonté, la deuxième à poser l'acte intérieur de choix de cette vocation comme projet de vie professionnelle, et la troisième à renoncer à vos « plans B » et à persévérer.

Étape 1 : valider son discernement et aiguiser sa volonté

Cette étape réclame de s'engager plus avant dans la voie que nous a révélée jusqu'ici le travail sur la vocation professionnelle.

À cet égard, les travaux d'Herminia Ibarra sont d'un grand profit et expliquent comment mettre en œuvre cette transition par un processus de type «*trial and error*» (lire son ouvrage *Working Identity*[1]). Sa proposition consiste à ne pas engager un processus intellectuel réflexif d'auto-observation qui donnerait lieu à un égocentrisme déplacé ou à des spéculations éthérées. Elle nous incite à ne pas nous illusionner sur le fait que nous sommes capables d'opérer un changement radical dans notre existence, notre vie actuelle résultant de bien des équilibres.

Sur cette base, je vous propose de «poser des actes» allant dans le sens d'une augmentation progressive des expériences relevant de votre vocation professionnelle et écartant au fur et à mesure les activités trop éloignées ou incohérentes avec votre projet.

La démarche n'est ni brutale ni théorique. L'adjonction d'expériences pertinentes est la modalité de mise à l'épreuve du discernement. Elle permet de renforcer positivement la volonté et la détermination à répondre à sa vocation. En conséquence de quoi, le temps que vous passerez à vivre des moments authentiques augmentera, comme la joie, l'impact et l'agilité qui leur sont associés.

Durant cette période, je vous suggère de régulièrement revenir sur la rédaction de votre vocation professionnelle pour l'ajuster à ce que vous révéleront ces expériences nouvelles. Vous découvrirez alors que répondre à votre vocation implique des renoncements : non pas dans le processus décisionnel lui-même, mais parce que le choix supérieur de la vocation vous conduira naturellement à vous éloigner de certaines choses. Aiguiser sa volonté à progressivement choisir ce qui convient le mieux à l'épanouissement de sa vocation est un «muscle» que doit entraîner le leader authentique. J'y reviendrai dans la troisième partie de cet ouvrage. Mais c'est dès maintenant que la pratique commence !

---

1. Harvard Business School Press, 2003.

Étape 2 : décider de choisir

Parvenu à un certain stade, vous constaterez que les circonstances appellent des décisions plus fermes, plus radicales. Simplement parce que ce qui était auparavant pour vous une occupation marginale devient une préoccupation permanente !

Rien de plus normal : lorsque nous trouvons la source de notre leadership authentique, notre positionnement devient efficace et fécond ! S'enclenche alors une dynamique qui peut impressionner. Vous pouvez toujours rebrousser chemin : opterez-vous pour le refus – solution toujours possible – ou choisirez-vous de servir cette dynamique, de vous laisser porter par elle ?

Le temps compte car toute dynamique souffre de l'hésitation. C'est pourquoi il est absolument nécessaire que vous déterminiez une date précise où, intérieurement, vous déciderez de vous engager résolument à déployer votre vocation. Ce moment aura peut-être une saveur douce-amère ; vous serez partagé entre la joie de vous donner et la crainte de devoir renoncer à ce que vous apportaient – au moins psychologiquement – quelques incohérences plus ou moins confortables.

Ce moment de choix constitue souvent pour le leader un souvenir très vivace, très précisément datable et localisable. « L'appel dans l'appel » de Mère Teresa à bord d'un train le 10 septembre 1946 est une histoire qui a été maintes fois contée (*Viens, sois ma lumière*[1]).

Étape 3 : brûler ses vaisseaux et persévérer

Une fois votre décision prise, il n'y a qu'une manière de garantir l'ancrage de votre vocation professionnelle : il vous faut

---

1. Paris, Lethielleux, 2008.

«brûler vos vaisseaux». En prenant une décision aussi radicale, vous donnerez à votre démarche une assise plus solide et vous dénouerez les quelques fils qui vous retiennent encore à vos incohérences.

Votre vocation professionnelle peut alors s'ouvrir et se déployer généreusement : vous êtes en mesure d'exprimer, jour après jour, la totalité de votre leadership avec profondeur et cohérence. Certains appellent cette expérience merveilleuse «la synchronicité» : celle-ci désigne le fait de devenir partie prenante d'une histoire où tout se met naturellement en place.

C'est alors que le leader peut savourer cette citation de Tchouang-Tseu, traduit par Jean-François Billeter (*Leçons sur Tchouang-Tseu*[1]) : «*Je suis parti du donné, j'ai développé le naturel et j'ai atteint le nécessaire.*»

À LA RECHERCHE DE SA VOCATION PROFESSIONNELLE

Parvenir à rejoindre sa vocation représente une difficulté paradoxale : il s'agit d'être soi, mais être soi peut sembler parfois si complexe !

Une vocation se révèle progressivement et il ne faut pas nier la part – légitime – qui y est liée d'adhésion volontaire aux conséquences de choix qui ont plutôt relevé du hasard ou de l'improvisation.

Mais cet aspect imparfait dans le choix de la vocation ne saurait la vider de son sens : mon expérience d'accompagnement auprès de dirigeants m'a permis de vérifier que notre énergie est mieux employée à chercher à vivre au mieux sa vocation professionnelle qu'à discuter des erreurs passées. Nous sommes libres et pouvons toujours choisir pour l'avenir. Voilà la conviction sur laquelle vous pouvez vous appuyer.

---

1. Paris, Allia, 2002.

Un autre enseignement de mon expérience d'accompagnement est que seule l'expérimentation permet d'avancer et
d'étendre, peu à peu, sa zone de confort. Par définition, le premier pas, après avoir été présumé impossible, sera sans aucun doute inconfortable. Mais, si l'action posée est conforme à
sa vocation, seules quelques tentatives suffiront à prouver que
cet inconfort n'est pas aussi réel que la pertinence de l'acte qui
est posé : n'oublions pas que vivre notre vocation, c'est vivre
des moments authentiques qui déclenchent engagement et
gratitude de la part de ceux qui en bénéficient !

Enfin, comme dans toute évolution, adopter la stratégie des
«petits pas» est avisé. Tant que votre discernement n'est
pas définitif, ne vous exposez pas inutilement, il est inutile de
vous mettre en danger, au contraire !

Ce n'est qu'à la troisième étape qu'il vous faudra décider – à
un moment donné que vous choisirez – de franchir définitive-
ment le pas : voulez-vous monter à bord du navire et quitter
le quai ou rester tiraillé dans une zone de non-choix ?

CE QUE CELA A CHANGÉ POUR
Miriam Ryan, Safran Landing Systems

*« Je ne suis pas là pour faire comme les autres mais pour **ouvrir
des horizons** qu'ils n'avaient pas avant moi. »*

Étudiante en philosophie, histoire et littérature, j'ai découvert,
à la fin de ma 3e année, un autre monde qui s'ouvrait à moi : le
commerce. J'ai eu l'opportunité d'organiser un échange entre
l'Irlande, mon pays d'origine, et l'Essec. À moi de chercher les
sponsors, d'organiser l'ensemble de l'événement. J'ai aimé
cette expérience qui était presque comme un jeu. Moi qui étais
si sportive, j'ai découvert dans cette première opportunité que
j'aimais être sur le terrain, travailler en équipe, analyser ce
que l'autre voulait et ce que je souhaitais pour les faire entrer
en synergie et viser la réussite de l'ensemble.

Il est très délicat de livrer sa vocation professionnelle sans la
banaliser ou la simplifier. La vocation professionnelle porte

ses fruits dans la sphère personnelle et professionnelle. Le métier est le lieu où la vocation professionnelle se déploie. Pour moi, ma vocation professionnelle est mon nord, à la fois une raison d'être et une raison d'exister. Cette vocation m'invite à chercher à ouvrir les yeux et les oreilles des personnes qui m'entourent. On peut challenger de manière positive sans être dans un besoin d'opposition.

Le leadership authentique m'a permis de prendre du recul pour formuler ma vocation professionnelle à partir de mes grandes réussites, des moments de plaisir professionnels. Les moments vocationnels où les personnes ont exprimé à la fois la curiosité suscitée par notre rencontre, la liberté de choisir, la possibilité d'assumer leur responsabilité. J'ai eu la chance, jeune, de rencontrer des personnes qui m'ont permis d'aller au-delà de mes limites, de trouver une manière à la fois structurée et positive de m'épanouir et de ne pas tomber dans une opposition anarchique ou stérile.

Ma vocation professionnelle est de susciter ce trajet en permettant que s'éveillent la liberté, la passion, la richesse des opportunités pour les autres. Que la personne puisse remplir le champ de sa liberté et qu'elle ait les moyens de le faire. Je veux partager cette envie d'oser tenter sa chance et challenger le système en étant dedans.

Choisir sa vocation se réalise en fonction de chaque personne selon des modalités différentes. Certaines la choisissent une fois dans leur vie tant c'est une passion qui s'impose et certaines vont prendre du temps pour l'affiner à travers des opportunités qui permettent de la faire grandir, de ne pas la figer dans le temps. La vocation professionnelle gagne en profondeur à mesure que nous gagnons en maturité et en connaissance de soi. Je perçois la vocation professionnelle comme ce qui nous motive au fond, dans les envies les plus profondes et dans la manière d'être authentique. En trente ans de carrière, j'ai voyagé dans le monde pour travailler avec des cultures différentes, des personnes variées avec le même fil rouge : être avec les autres, leur permettre de réussir leurs challenges en comprenant leurs motivations et leurs envies pour leur offrir l'espace pour les exprimer. Dans mon poste actuel au sein du groupe, j'occupe plusieurs fonctions différentes au sein de trois entités différentes : je crois que le groupe a su catalyser cette différence qui me pousse à faire de la place aux autres. Je ne suis pas là pour faire comme les autres mais pour ouvrir des horizons qu'ils n'avaient pas avant moi. J'ai deux exemples en tête : le premier est une intervention lors d'une table ronde à l'occasion d'une conférence pour la création du groupe dans lequel je travaille ; j'exprimais ma passion pour le projet et mon désir profond de collaborer en créant les conditions de succès pour chaque équipe et chaque personne. Deux ans plus tard, une personne vient me remercier pour cette intervention en m'expliquant qu'elle a choisi de rester à la suite de cette prise de parole et qu'elle a pu poser un choix stratégique après m'avoir écouté. Le second est un projet complexe pour lequel j'étais chef de projet. Je travaillais avec deux équipes qui étaient l'une et l'autre bloquées. Nous avons réussi à construire le projet en donnant à chacun la liberté de contribuer. La force de ce projet était égale à l'investissement humain.

Si je suis à ce poste, c'est grâce au choix de ma vocation professionnelle que je déploie au quotidien. J'ai intensifié ce choix avec le leadership authentique avec plus d'agilité et avec une perception accrue de là où je me révèle le plus.

ET VOUS ?

Pour vous aider à franchir les trois étapes que ce chapitre décrit, je vous suggère de vous livrer à deux analyses préalables.

La première consiste à vous assurer que vous disposez d'une formulation préliminaire de votre vocation professionnelle et à vérifier qu'elle est suffisamment robuste pour agir en fonction d'elle. Pour ce faire, vous devez être en mesure de répondre aux trois questions suivantes :

- Quelle serait ma réaction si demain une autorité civile me demandait d'agir selon ma vocation professionnelle et créait les conditions pour que cela soit possible ?

- Quelle serait ma réaction si demain mon employeur me demandait d'agir selon ma vocation professionnelle et créait les conditions pour que cela soit possible ?
- Quelle serait ma réaction si demain mon meilleur ami me demandait d'agir selon ma vocation professionnelle et créait les conditions pour que cela soit possible ?

La réponse à ces trois questions devrait être éclairante. Si, aux trois, vous répondez que vous iriez sans hésiter et avec joie, votre vocation professionnelle possède probablement un excellent degré de pertinence.

À l'inverse, si vous hésitez à répondre que vous acceptez, prenez le temps de reconsidérer l'analyse des moments vocationnels proposée au chapitre précédent. Ce temps au calme pour vous poser vous permettra de laisser résonner en vous les moments vocationnels, de découvrir leur cohérence et le moteur qui leur donne leur dynamique. Certains partiront en retraite pendant deux ou trois jours, d'autres s'absenteront un mois d'affilée. À chacun son appel et ses circonstances. Mais prendre ce temps est fondamental pour atteindre un minimum de confiance dans l'articulation de sa vocation professionnelle et commencer à agir.

La seconde analyse que je vous propose est la mesure de l'écart qui existe entre votre engagement professionnel actuel et votre vocation professionnelle. Quel pourcentage de votre temps au travail estimez-vous consacrer à des actions qui concourent à votre vocation professionnelle ? Reprenez l'analyse de votre agenda telle que suggérée au chapitre précédent et comparez ces résultats avec les conclusions suivantes.

- Si vous êtes sur des pourcentages de l'ordre de 5 à 20 %, vous êtes typiquement dans le cas où la méthode en trois étapes décrite dans ce chapitre s'applique totalement. Il vous faudra envisager des activités paraprofessionnelles qui vous permettront de valider progressivement votre analyse et de développer concrètement des activités et un réseau qui pourront être plus tard le support d'une action professionnelle. Ensuite, vous poserez un choix clair et prendrez des options plus radicales ;

- Si vous vous situez entre 20 et 50 %, vous pouvez sans doute passer directement à la deuxième étape de la méthode en choisissant solennellement de répondre à votre vocation professionnelle, puis en considérant une évolution profes-sionnelle qui vous permettra à court terme de faire passer ce pourcentage au-dessus de la barre des 50 % ;

- Si vous êtes déjà au-dessus de 50 %, considérez que vous êtes déjà dans une situation de compatibilité forte. Le choix de répondre à votre vocation n'est probablement qu'une affaire assez formelle et, à l'occasion de votre prochaine évolution professionnelle, vous pourrez en profiter pour encore accroître la compatibilité ;

- Enfin, si vous êtes au-delà de 80 %, vous bénéficiez d'une cohérence exceptionnelle dont les bénéfices doivent se voir autour de vous ! Ce n'est probablement pas par hasard et ce chapitre n'aura fait que confirmer une expérience déjà vécue.

Ces analyses conduites, vous êtes maintenant prêt à mettre en œuvre les trois étapes de ce chapitre : valider votre discerne-ment, choisir votre vocation et, enfin, brûler vos vaisseaux !

Résumé du chapitre

- Choisir de vivre sa vocation professionnelle est le premier acte que pose le leader authentique. De lui découlent sa puissance et l'optimisation stratégique de l'usage de son temps.
- Si « ne pas vivre sa vocation professionnelle » est un acte condi-tionné, « choisir de vivre sa vocation professionnelle » est un acte libre que rien n'impose, si ce n'est un profond désir de sens.
- Si votre vocation professionnelle se situe aujourd'hui encore en marge de vos activités, il est opportun d'enclencher un processus de validation expérimentale en faisant progressivement croître les occupations qui en relèvent.

PARTIE II

Servir ses équipes

À ce stade de votre cheminement, vous avez exploré l'une des deux sources du leadership authentique : la vocation professionnelle. Vous mobiliserez de manière plus durable et agile vos facultés de leader en étant aligné sur votre vocation professionnelle. En lui étant loyal, le leader se met au service de ceux qu'il croise chaque jour. Cet ancrage établi, le leader a charge désormais de se rendre disponible aux personnes qui ont le plus besoin de sa vocation. C'est l'enjeu de la deuxième partie de cet ouvrage.

CHAPITRE 4

Servir, une pratique subtile

« Ce que nous sommes est ce que nous sommes avec les autres. La manière dont ils nous apparaissent est une révélation de nous-mêmes. »

Terry Warner

UNE ÉTAPE clé dans le développement du leadership authentique est la prise de conscience que servir, se rendre disponible à l'autre ou à une équipe, est une pratique subtile : elle n'est jamais totalement acquise et chacun peut s'en écarter d'une manière presque imperceptible pour lui-même. Cette phrase peut vous sembler inexacte ou révolutionnaire mais l'expérience de centaines de dirigeants vient l'attester.

ENJEU

L'enjeu de ce chapitre est de travailler sur l'ingrédient fondamental de tout leadership : la relation interpersonnelle. C'est une évidence : il ne peut s'enclencher de dynamique collégiale s'il ne se crée pas une forme de lien entre le leader et ceux qui s'engagent à sa suite. La nature et la qualité de ce lien sont les ingrédients premiers de tout leadership. Ce chapitre va vous aider à prendre conscience que ce lien peut se présenter sous deux états, mais que seul l'un des deux est vecteur de leadership : celui où nous servons l'autre et où nous sommes disponibles à l'autre. Et, pour en prendre conscience, nous partirons de votre propre expérience.

PRINCIPE

Pour repérer les moments où nous cessons de servir autrui au seul bénéfice de nous-mêmes, je m'appuie sur les travaux de Terry Warner, psychologue américain qui a notamment écrit *Bonds That Make Us Free*[1]. Ses propos se fondent aussi sur une certaine philosophie de la relation interpersonnelle qui a été

---

1. Salt Lake City, Shadow Mountain, 2001.

parfaitement décrite par Martin Buber dans *Je et tu*[1]. Je ne
reprendrai pas ici les éléments clés de leurs propos car c'est leur
mise en œuvre concrète qui nous intéresse. Nous allons donc
les expérimenter ensemble.

MÉTHODE

Cette expérimentation s'appuiera sur un exemple tiré de ma
propre expérience personnelle. J'ai besoin de votre coopération pour traverser convenablement ce chapitre : la méthode
consiste à vous laisser inspirer par quelques anecdotes tirées
de mon expérience. Essayez d'imaginer que je suis en train de
vous les raconter de vive voix.

Pour commencer, je vous propose ci-dessous une série d'expériences à valeur d'exemples que j'ai choisi d'appeler des
«trahisons personnelles», *moments lors desquels j'ai décidé de ne
pas donner suite à l'intuition que j'avais de faire quelque chose pour
quelqu'un.*

MES EXEMPLES DE TRAHISONS PERSONNELLES

• *Un jour, une collaboratrice rentre dans mon bureau pour une
séance de travail que nous avions programmée. Elle a l'air pré-
occupée. Je me dis que je devrais lui demander ce qui ne va
pas... mais je ne le fais pas.*

• *Un autre jour, un consultant me propose une présentation
client en deçà de nos standards de qualité. Je me dis que je
devrais prendre dix minutes pour l'aider sur deux-trois points
clés... mais je ne le fais pas.*

---

1. Paris, Aubier, 1938.

• *Enfin, une autre fois, un client me laisse un message télépho-*
nique me demandant de le rappeler. Sa voix est étrange. Je me
dis que je devrais le rappeler immédiatement... mais je ne le fais
pas.

Suis-je le seul à expérimenter ce type d'expériences ? S'il
vous arrive aussi parfois d'en vivre de telles, je vous propose,
sans plus tarder, d'en faire à votre tour une petite liste.

Quand ....

je me suis dit que je devrais ....

mais je ne l'ai pas fait.

Quand ....

je me suis dit que je devrais ....

mais je ne l'ai pas fait.

Quand ....

je me suis dit que je devrais ....

mais je ne l'ai pas fait.

Regardons de plus près encore le mécanisme de ces trahisons personnelles. Et, si vous le permettez, laissez-moi – à nouveau – vous restituer un épisode – peu glorieux – de ma vie.

CONSÉQUENCE D'UNE TRAHISON PERSONNELLE DE FRANÇOIS-DANIEL

Je travaillais à l'époque dans un grand cabinet de conseil. Un matin, l'un de mes collaborateurs arrive en retard à un entretien que nous avions prévu. Quand il entre, je constate qu'il a le visage défait. Je pense alors à lui demander ce qui ne va pas et la raison de son retard. Mais je ne le fais pas.

Car, honnêtement, je me dis qu'il doit bien savoir que mon temps est compté et qu'il aurait pu prendre la peine de me prévenir en m'appelant. Comme si je pouvais me permettre de perdre du temps à l'attendre ! Quelle outrecuidance ! Dans un contexte de pression incroyable de temps, qui plus est. Et il ne prononce même pas un mot d'excuse ! Je ne lui demande pas ce qui s'est passé car je me dis qu'il y en aura pour une heure d'explication. Cela suffit, il n'y a plus de temps à perdre !

J'entame la discussion, bien agacé par ce mauvais début. Très vite, je réalise que le travail est mal ficelé. Cet homme est en retard et il n'a pas convenablement préparé l'entrevue ! Je sors alors de mes gonds. Je lui explique que nous sommes dans une firme qui prend au sérieux ses clients, qui a le sens de l'impact et du temps. Que nous ne sommes pas là pour manquer de professionnalisme. Je lui demande de quitter mon bureau et de prendre le temps de travailler. Il reviendra quand les choses seront en ordre. Je lui fais bien comprendre que mon mécontentement est sévère et pourrait avoir des répercussions fâcheuses pour lui.

Deux jours plus tard, nous reprenons rendez-vous pour la présentation. Il arrive à l'heure mais je ne peux m'empêcher de penser qu'il va encore me faire perdre du temps, qu'il faudra que je lui explique des choses élémentaires. Alors qu'il commence à me présenter son travail, je constate qu'à la troisième page un total n'est pas exact. J'explose. Je n'ai pas de temps à perdre. Je ne suis pas là pour lui apprendre à compter. Et je lui dis que c'est la dernière fois qu'il me présente un document pareil. Deux jours ont déjà été perdus. Combien de temps ce manège va-t-il durer ?

Je lui donne rendez-vous le lendemain à 21 h 30. C'est tard, mais je ne compte pas mon temps, moi ! Et je n'arrive pas en retard le matin. Il faut qu'il comprenne cela. Le lendemain, à 21 h 30, l'équipier arrive avec la présentation. Elle est parfaite, il n'y a rien à redire. Je fulmine pourtant. Je le dévisage, d'un regard noir, et lui dis : « Tu vois bien que si tu avais été un professionnel et que tu avais le sens des délais, tout cela aurait été bouclé en début de semaine. Incroyable le temps que tu nous as fait perdre ! On en reparlera lors de l'évaluation en fin de mission. »

Voilà une histoire dont je ne suis pas fier mais qui est authentique. Prenez un instant pour bien la relire et compléter les lignes qui suivent.

**PORTRAIT DE FRANÇOIS-DANIEL
APRÈS UNE TRAHISON PERSONNELLE**

Après la trahison personnelle rapportée dans le précédent
encadré, François-Daniel...

... pense ....
....
....
....

... ressent ....
....
....
....

... fait ....
....
....
....

Après cet exemple tiré de mon expérience personnelle, je
vous propose de revenir à vos propres «trahisons personnelles»,
celles que vous avez identifiées plus haut. Qu'avez-vous pensé ?
Qu'avez-vous ressenti ? Qu'avez-vous fait ? Là encore, prenez
un moment pour vous en souvenir et notez ces réflexions dans
l'encadré qui suit.

MON PORTRAIT
JUSTE APRÈS UNE TRAHISON PERSONNELLE

Après une trahison personnelle, je…

… pense ....
....
....

… ressens ....
....
....

… fais ....
....
....

Que constatez-vous ? À qui pensez-vous en fin de compte ?
....
....
....

Pensez-vous avoir tort ou raison ?
....
....
....

Sur ce point, que vous indiquent votre comportement et vos
émotions ?

....

....

....

Nous venons d'identifier un mécanisme essentiel pour comprendre notre rapport aux autres. Car, à regarder de près, nous
constatons que nous nous retrouvons – après une «trahison
personnelle» – dans un total contresens sur la réalité. Un
contresens qui peut nous emmener très loin.

Revenons à mon exemple à travers le tableau ci-dessous pour
mettre ces contresens en exergue.

Ce que je pense	Ce qui se joue en réalité
Après ne pas avoir suivi mon intuition (celle de lui demander ce qui s'était passé ce matin-là), je pense que mon collaborateur manque de professionnalisme, de respect, qu'il est incapable de contrôler son temps.	… Mais la réalité est que je ne sais pas ce qui s'est réellement passé.
Je pense toujours faire le meilleur usage de mon temps parce que je suis compétent et que j'ai le sens de l'impact chez nos clients…	… Mais la réalité est que je m'agace et ne suis pas concentré sur la discussion. Je ne suis pas disponible pour aider mon collaborateur à accomplir au mieux et au plus vite sa tâche pour rattraper le temps perdu.

Ce que je pense	Ce qui se joue en réalité
Dans ces circonstances, je pense que j'ai raison : la compétence, le respect du temps, la vitesse et la qualité du service rendu sont des valeurs que je vis et qui doivent s'imposer coûte que coûte. Et dès qu'un indice me permet de le prouver – comme l'erreur de calcul –, je le fais. Même si la présentation est parfaite, je cherche toujours un argument pour me justifier, pour confirmer que j'ai raison et qu'il a tort…	… Mais la réalité, c'est mon corps et mes émotions qui me l'indiquent : j'explose, je suis verbalement violent avec mon collaborateur, je suis stressé et agacé. J'ai donc une évidente difficulté.
Je pense que la difficulté vient de mon collaborateur…	… Mais la réalité, c'est qu'elle vient de moi. Parce que je ne lui ai pas demandé ce qui l'avait perturbé ce fameux matin, bien que j'en aie eu l'intuition. Je fais un contresens sur la réalité et je confonds les responsabilités.

Voilà autant de contresens qui modifient – subtilement mais radicalement – notre rapport aux autres. Lorsque mon collaborateur arrive, je suis naturellement enclin à le traiter comme une personne à part entière (j'ai bien pensé à lui demander l'origine de son retard et de ses manquements) : je suis en *« état de service »*. Mais comme je ne le fais pas, se met en place, à mon insu, un processus d'auto-justification de mon comportement qui me conduit à lui en vouloir et à le considérer comme responsable de mes préoccupations, de mon stress. Je considère alors cet équipier comme un objet sur lequel je mets l'étiquette qui m'arrange. Comme si je lui en voulais du bien que je ne lui ai pas fait ! Je suis *« hors-service »*.

Dans la succession d'événements de ce type, c'est tout mon rapport aux autres, à des catégories de personnes, à la société entière, qui se trouve affecté : car si je n'analyse pas convenablement l'épisode que j'ai décrit plus haut, je risque d'être encore plus convaincu qu'il convient de mettre énormément de pression sur mes collaborateurs pour obtenir ce que je veux et qu'ignorer leurs préoccupations personnelles est une saine habitude.

Suis-je le seul à avoir vécu ce type de situation ? Quand suis-je en « état de service », quand suis-je « hors-service » ?

La posture du doute me semble salutaire. Et si mes croyances – sur telle ou telle personne, sur telle ou telle catégorie de personnes – n'étaient en réalité qu'une construction intellectuelle justifiant des mécanismes de « trahisons personnelles » ?

Le doute permet ici de rester attentif au réel tel qu'il est et non pas tel que je souhaiterais qu'il soit. Cette nouvelle posture, « réaliste », est une condition nécessaire du leadership. *Comment exercer un quelconque leadership sur autrui lorsque nous ne sommes pas en « état de service », quand nous n'avons plus de contact avec l'autre tel qu'il est ?* Lorsque nous restons focalisés sur nos propres préoccupations, et que nous collons à l'autre des étiquettes, nous nous coupons de cette personne, nous sapons toute possibilité de relation de personne à personne et tout espoir de susciter l'adhésion à un quelconque projet. Pris dans cette nasse, nous sommes dans une impasse : tout ce qu'il advient sert à nous justifier ! Notre leadership est réduit à néant.

Cette posture est intrinsèquement inadéquate puisqu'elle nous coupe du réel et de la relation à l'autre, avec son cortège d'auto-justifications et l'entêtement intellectuel qui en résultent. Elle s'accompagne de surcroît de stress, d'agacement, d'épuisement, de colère parfois, et d'un comportement lui aussi teinté – la plupart du temps – d'une forme d'agressivité, fût-elle passive.

Persévérer dans de telles attitudes conduit – bien que nous nous drapions dans d'inamovibles convictions – droit au *burn-out* et au rejet par nos collaborateurs.

QUAND LES TRAHÌSONS PERSONNELLES DEVÌENNENT DES PROBLÈMES COLLÉGÌAUX

Mon expérience d'accompagnement de dirigeants m'a conduit à mesurer les conséquences désastreuses des mécanismes décrits ci-dessus au sein même des organisations.

Le mécanisme des trahisons personnelles et le processus d'autojustification qui s'ensuit sont à l'origine de conflits entre personnes, voire entre organisations.

Le processus est sans fin car il enclenche un cycle malsain. Lorsque nous commençons à ne plus considérer notre inter-locuteur comme une personne, ce dernier le ressent claire-ment et réagit immédiatement en cessant de nous considé-rer, à son tour, comme une personne, alimentant alors un phénomène de surenchère destructrice.

Au sein des organisations, nous cherchons à travers le mé-canisme d'autojustification à nous entourer de témoins qui abondent dans notre sens et nous rassurent. Nous commu-niquerons donc à ceux qui nous entourent les étiquettes dont nous affublons untel ou untel, créant ainsi une véritable culture « auto-justificatrice ». C'est l'origine du fonctionne-ment en silo – ou à tout le moins des défauts de coopération ou de synchronisation – des organisations (où le commercial va typiquement s'opposer à la production, par exemple).

Ce phénomène engendre au minimum du temps perdu, sou-vent une qualité sous-optimale ou des surinvestissements inutiles, voire l'échec complet de l'évolution de l'organisation (comme dans le cas d'une fusion), sans compter les réunions passées à essayer de résoudre des sujets qui n'existent que dans l'esprit « auto-justificateur » de quelques protago-nistes...

Prendre conscience que ces mécanismes de confrontation trouvent leur origine en nous – et non chez celui auquel je me confronte – nous place face à notre responsabilité : c'est bien moi qui décide d'être ou de ne pas être en « état de service ».

CE QUE CELA A CHANGÉ POUR
Xavier Durroux, Imperial Tobacco

J'ai débuté ma carrière chez Imperial Tobacco depuis plus de vingt-cinq ans et occupe désormais la fonction de directeur général Afrique du Nord et centrale dans un département qui regroupe plus de 1 500 employés.

Mon équipe de direction étant délocalisée dans plusieurs pays, nous avons relativement peu de moments ensemble et les rares contacts que nous avons en face à face doivent être particulièrement privilégiés. Le leadership authentique me permet de mieux assumer le service de leader, à commencer par les situations inconfortables. Un récent exemple me vient à l'esprit et concerne la réorganisation de mon équipe de direction. Parmi les solutions envisagées, l'une portait sur un éventuel départ d'un de mes collaborateurs, ce qui, comme vous pouvez l'imaginer, était une décision difficile à prendre. La situation semblait bloquée et je me sentais dans une impasse sans parvenir à saisir l'opportunité du leadership authentique.

Après un retour en zone, guidé par François-Daniel Migeon, j'ai pris conscience que j'écartais inconsciemment l'éventualité d'un tel départ en me situant hors du réel. Le retour en zone m'a permis d'envisager cette solution et de la considérer comme une réelle option. De manière plus ou moins inconsciente, je percevais le service que je devais rendre comme leader à mon équipe sans pouvoir assumer de manière sereine les conséquences qui en découlaient. Ainsi, le retour en zone en convoquant mon moment-ressource et ma vocation professionnelle m'a donné la liberté de me reconnecter au réel et d'entrer dans une dynamique constructive.

L'impact de la pratique du leadership est multiple. D'une part, au niveau personnel, le leadership authentique m'a permis de formuler une solution agile pour aborder la relation de manière positive. Sans cacher la réalité, j'ai pu entamer une discussion bienveillante, transparente et franche avec ce collaborateur sans contestation par l'une ou l'autre des parties et sans dissimuler la réalité.

Dans ce contexte potentiellement très tendu, le leadership authentique a permis à mon collaborateur de prendre conscience des défis à surmonter dans un cadre de bienveillance. Notre relation de confiance en a été renforcée et nos échanges n'en ont été que plus constructifs. Ce même collaborateur m'a d'ailleurs demandé d'être coaché afin de l'aider à surmonter ses défis.

L'impact du leadership authentique a également permis à mon collaborateur de reconnaître librement et sereinement les points d'amélioration, cela non pas de manière passionnelle mais selon une logique rationnelle.

Le bilan que je dresse de la résolution progressive de cette situation est qu'une discussion franche et transparente permise par le biais de la sympathie suscite de la confiance. Faire prendre conscience à chacun de sa vocation professionnelle, de ses difficultés et de la possibilité d'être accompagné, comme je le fais, permet de déployer son plein potentiel de leadership. Ce faisant, c'est pour moi la définition que le leadership est toujours une pratique subtile qui m'interroge sur ma pratique et sur celles de ceux qui me sont confiés.

Et vous ?

L'essentiel, au terme de ce chapitre, est que vous puissiez disposer de votre autoportrait après une trahison personnelle, à savoir quand vous êtes « hors-service ».

Essayez, ainsi, en reprenant des exemples concrets de trahisons personnelles, de vous décrire précisément : que pensez-vous ? Que ressentez-vous ? Comment vous comportez-vous ?

En répondant de manière détaillée à ces questions, vous tenterez aussi de déterminer l'ordre d'apparition de ces symptômes : certains sont immédiats (ils apparaissent dès le moment de trahison personnelle), d'autres sont plus lents à émerger. Mieux vous connaître vous permettra de mettre en place l'antidote que nous allons découvrir au prochain chapitre.

MON AUTOPORTRAIT « HORS-SERVICE »

J'ai pensé :

Idée 1. Je suis ....

....

Idée 2. Je suis ....

....

Idée 3. Je suis ....

....

J'ai ressenti :

Émotion 1. ....

....

Émotion 2. ....

....

Émotion 3. ....

....

J'ai fait :

Comportement 1. ....
....

Comportement 2. ....
....

Comportement 3. ....
....

Un travail complémentaire et fort utile consiste aussi à évaluer la fréquence d'apparition de ces symptômes en fonction des relations, en allant de 0 (jamais, relation «hors-service») à 10 (toujours, relation en «état de service»).

MES «ÉTATS DE SERVICE»

Je suis en «état de service» :

0 : jamais

10 : toujours

Avec 0 1 2 3 4 5 6 7 8 9 10

Avec 0 1 2 3 4 5 6 7 8 9 10

Avec 0 1 2 3 4 5 6 7 8 9 10

Avec 0 1 2 3 4 5 6 7 8 9 10

Avec 0 1 2 3 4 5 6 7 8 9 10

Avec 0 1 2 3 4 5 6 7 8 9 10

Avec 0 1 2 3 4 5 6 7 8 9 10

Avec 0 1 2 3 4 5 6 7 8 9 10

Avec 0 1 2 3 4 5 6 7 8 9 10

Avec 0 1 2 3 4 5 6 7 8 9 10

Avec 0 1 2 3 4 5 6 7 8 9 10

Grâce à cette évaluation, vous pouvez tenter d'estimer le pourcentage de vos relations en « état de service », puis – en intégrant le temps passé en moyenne avec chacune – le pourcentage du temps où vous êtes en « état de service ». Un indicateur clé du leadership authentique !

Je suis en état de service : .... % de mon temps

Au terme de ce chapitre, vous avez saisi pourquoi servir est une pratique subtile. Servir implique d'être, pour chaque relation, à chaque instant, dans la bonne posture, celle qui consiste à avoir accès à ses intuitions et à les suivre. Cela revient à mettre de côté les idées préconçues que nos «trahisons personnelles» nous ont – circonstance après circonstance – amenés à forger et d'en préserver nos relations. Le chapitre suivant propose une méthode permettant d'y arriver progressivement.

Résumé du chapitre

- Nous sommes dans une relation en «état de service» lorsque nous agissons conformément à l'intuition que nous avons d'un service à rendre à cette personne.
- Après une «trahison personnelle», un mécanisme d'autojustification par la pensée se déclenche. Mes émotions (stress, agacement...) et mon comportement (agressif, actif ou passif...) sont les témoins de ce mécanisme qui brise tout leadership.
- L'analyse de la qualité de nos relations permet de mesurer notre «état de service».
- Si la relation est «hors-service», il ne peut y avoir de leadership authentique puisqu'il n'y a pas de relation de personne à personne.

CHAPITRE 5

Servir, une pratique possible

*«Tout le monde peut être grand
parce que tout le monde peut servir.»*

Martin Luther King Jr.

Servir est une pratique subtile : des mécanismes impercep-
tibles peuvent nous conduire à ne plus percevoir la réalité de
l'autre. Alors, comment servir au mieux ? Dans ce chapitre, je
vous propose une manière de retrouver le chemin de l'authentique rencontre de l'autre. Un chemin simple et accessible, aux
conséquences insoupçonnées.

ENJEU

L'enjeu de ce chapitre est d'acquérir la pratique qui vous permettra de transformer chacune de vos interactions en une relation porteuse d'avenir, pour autrui et pour vous-même. Cette
pratique est au cœur du leadership authentique, c'est la pierre
angulaire de son efficacité : comment entraîner une équipe
vers de nouveaux horizons ? Comment lui donner envie de se
mobiliser, si la relation n'est pas elle-même source d'énergie ?
Explorons les moyens d'y parvenir.

PRINCIPE

La posture qui permet à une relation de devenir créatrice
d'énergie et d'avenir pour ses protagonistes est celle du service,
de la disponibilité à l'autre dans toutes ses dimensions.

Cette posture peut être adoptée de manière continuelle, en
déjouant les mécanismes que nous avons identifiés dans le chapitre précédent. Je m'appuie ici aussi sur les travaux de Terry
Warner, psychologue américain (*Bonds That Make Us Free*[1]).
Mais, de même qu'au chapitre précédent, je ne reprendrai pas
son propos : nous allons à nouveau expérimenter.

---

1. *Op. cit.*

Méthode

Votre coopération active est la clé du succès. Laissez-moi vous guider à travers quelques questions ou anecdotes.

Avant toute chose, il serait bon que vous identifiiez une personne avec qui – d'après l'analyse que vous avez conduite dans le chapitre précédent – vous êtes en état de service entre 30 et 50 % de votre temps. Notez ici le nom de cette personne, que nous appellerons *« relation à rénover »*. Nous y reviendrons plus loin.

RELATION À RÉNOVER

....

Maintenant, installez-vous confortablement dans une posture physiquement détendue (pieds au sol, buste droit) et fermez les yeux un instant pour faire silence, en vous concentrant sur votre respiration…

Une fois relaxé, passez tranquillement en revue les rencontres les plus significatives de votre existence. Pouvez-vous identifier les deux, trois ou quatre personnes qui ont eu sur vous l'influence la plus bénéfique ? Ces personnes à qui vous devez, en quelque sorte, le meilleur de vous-même ? Prenez le temps de considérer l'ensemble de vos relations. Et trouvez ces quelques personnes.

LES PERSONNES D'INFLUENCE BÉNÉFIQUE

1. ....

2. ....

3. ....

4. ....

Laissez s'exprimer le sentiment de gratitude qui apparaît lorsque vous repensez au bien que ces personnes vous ont apporté.

Vous allez maintenant devoir vous livrer à un choix difficile : retenir la personne dont l'influence a été la plus forte et la plus bénéfique.

LA PERSONNE «SOURCE DU PLUS GRAND BİEN»
....

À présent, considérez la relation avec cette personne, votre histoire, pour identifier les deux ou trois moments les plus emblématiques du bien que cette personne vous a procuré. Des moments souvent forts, où vous vous êtes senti considéré pour ce que vous étiez – de manière inconditionnelle.

LES MOMENTS D'İNFLUENCE

Moment emblématique 1 :

....

....

....

Moment emblématique 2 :

....

....

....

Moment emblématique 3 :

....

....

....

Revivez chacun de ces moments emblématiques, laissez s'exprimer les émotions qui naissent de la réminiscence de ces souvenirs : gratitude, joie, sérénité, paix…

Avançons encore : parmi ces moments emblématiques. Si vous deviez ne retenir qu'un moment, le plus significatif, le plus fort, quel serait-il ? Nous l'appellerons *« moment-ressource »*.

MON MOMENT-RESSOURCE

Votre moment-ressource :

....

....

....

Prenez le temps à ce stade de bien revivre ce moment.

Que s'est-il passé ? ....

....

....

....

Que ressentiez-vous ? ....

....

....

....

....

Que pensiez-vous ? ....

....

....

....

Que faisiez-vous ? ....

....

....

....

Maintenant, revenez à la «relation à rénover» identifiée au début de cette séquence et considérez ces trois questions :

RÉNOVER LA RELATION

1. Quelles sont les difficultés que connaît actuellement cette personne ?

....

....

2. L'aidez-vous ou lui compliquez-vous la tâche ?

....

....

3. Que pourriez-vous faire pour l'aider ?

....

....

....

L'intuition qui vous est venue est certainement très spécifique :
l'aider à finaliser telle présentation, prendre le temps de l'écouter, lui demander pardon, l'inviter à un événement... Elle est
probablement plus précise que ne pourrait le recommander
aucun ouvrage de management, aussi excellent soit-il. Parce
que, pour en arriver à cette conclusion, vous avez mobilisé l'intégralité de vos capacités mentales, affectives, corporelles, au
service de cette personne.

Cette intuition vous paraîtra peut-être très décalée. C'est pro-
bable car la relation avec cette personne s'est dégradée. Ce qui
est sûr, c'est que cette intuition, elle, s'ancre bel et bien dans
le réel, contrairement à la relation précédente qui se nourris-
sait d'autojustifications. Si vous agissez conformément à votre
intuition, vous maintiendrez la relation en «état de service».
Sinon, la relation sera à nouveau «hors-service».

Pour renouer avec le réel, améliorer votre «état de service»,
vous pouvez désormais prendre du temps pour revisiter chacune de vos relations selon les étapes décrites dans cette section
et remplir l'encadré qui suit.

REMETTRE EN «ÉTAT DE SERVICE» VOS RELATIONS

Pour chacune de vos relations :

1. Revivre votre moment-ressource.

2. Reconsidérer la relation à l'aune de ces trois questions :

– Quelles sont les difficultés que connaît actuellement cette
personne ?

– L'aidez-vous ou lui compliquez-vous la tâche ?

– Que pourriez-vous faire pour l'aider ?

3. Capturer l'intuition spécifique qui jaillit et agir conformément.

Pour aider ...., je pourrais

....

....

Pour aider ...., je pourrais

....

....

Pour aider ...., je pourrais

....

....

Pour aider ...., je pourrais

....

....

Pour aider ...., je pourrais

....

....

Pour aider ...., je pourrais

....

....

Ainsi, vous constituez une liste d'intuitions que vous pourrez honorer dans les jours et les heures à venir. Ces actes permettront à toutes vos relations de s'ancrer dans la réalité et gagneront par là même une authentique efficacité.

Vous avez désormais devant vous le panorama des multiples relations que vous entretenez. Elles peuvent désormais se vivre à nouveau dans le «réel» et, *de facto*, le stress associé au mécanisme de justification commencera à disparaître. En envisageant autrui à l'aune de votre moment-ressource et de ses besoins, vous retrouvez une posture à la fois apaisée et engagée. Cette posture vous permet d'exercer une influence bénéfique et accroît la pertinence de vos actions.

Rapidement, vous constaterez combien ces personnes seront elles-mêmes de plus en plus engagées et présentes lors de vos interactions. C'est ainsi que se consolide la deuxième pierre angulaire de votre leadership authentique.

EXEMPLE À MÉDITER

À titre d'illustration, même si les moments-ressources sont des moments très intimes et personnels, voici – avec son autorisation – celui qu'un dirigeant que j'ai eu l'occasion d'accompagner est parvenu à dégager.

« Mon moment-ressource consiste en un regard porté par mon épouse sur moi le jour où, voyant que je n'avais plus les ressources pour travailler, et donc faire subsister la famille, elle m'a proposé de m'accompagner chez le médecin. Son regard et ses paroles étaient remplis de respect, d'amour pour la personne que j'étais, sans jugement aucun, alors que je n'étais plus bon à rien. Son attitude m'a permis de ne pas me sentir jugé, de me sentir aimé, inconditionnellement... bref de sentir que j'avais de la valeur alors que je n'en avais plus à mes propres yeux, aveuglé que j'étais par ma situation d'incapacité... Ce moment m'a permis de "pousser le fond de la piscine" et d'accepter de l'aide.

J'ai mis une année à pleinement soigner cet état de fragilité mais cet instant a été fondateur pour notre couple, et pour ma relation aux autres, que je considère désormais dignes de considération quelles que soient leurs actions (ou manquements).

Lorsque je pense à ce moment – qui n'a duré que quelques secondes –, mon corps se détend, un sourire me vient aux lèvres, mon regard s'ouvre à nouveau, et ce, en quelques fractions de seconde. »

Chaque accompagnement de dirigeant m'a permis de vérifier la puissance de cette technique consistant à revivre le moment-ressource et ainsi révéler une intuition permettant d'aider un patron, un pair ou un collaborateur.

Souvent, les dirigeants ne se voient pas mettre en œuvre l'intuition qu'ils retrouvent : « Ce serait trop décalé ! » ; « Il va croire que quelque chose de grave m'est arrivé ! » ; « Il ne me croira pas ! »… L'expérience montre pourtant que chaque fois qu'un dirigeant met en œuvre son intuition, la relation s'établit sur une base positive, même si c'est après un premier mouvement de surprise. En effet, en agissant selon cette intuition renouvelée, le dirigeant considère la personne pour ce qu'elle est réellement, et qui pourrait s'en plaindre ?

Xavier Grenet, ancien directeur des ressources humaines de Saint-Gobain, en charge du développement des dirigeants et auteur d'un ouvrage, *Joies et tourments d'un DRH*[1], le confirme : « *Réduire une personne à son utilité, à ce qu'elle peut nous apporter, c'est la mutiler, la trahir.* » Au contraire, la considérer comme une personne, dans sa totalité, et agir vis-à-vis d'elle comme tel, c'est établir une relation authentique, source de leadership.

---

1. Paris, Le Cerf, 2007.

CE QUE CELA A CHANGÉ POUR
Éric Mestrallet, président-fondateur
de la fondation Espérance Banlieues

Entrepreneur, passionné par le bien commun et père de famille, j'ai créé la fondation Espérance Banlieues en 2012. La
raison d'être de cette fondation est de favoriser le développement d'écoles indépendantes de qualité. Situées en plein
cœur des banlieues françaises, elles s'adaptent à la spécificité des défis éducatifs posés par ces territoires en situation
de grande urgence éducative.

Le leadership authentique a été une découverte au sens où
si je portais déjà l'intuition du moment-ressource, je ne dis-
posais pas de la démarche globale et de ses «outils». J'ai
fait l'expérience d'un alignement authentique par la convocation puissante de l'aller-retour entre le moment-ressource
et le dévoilement de déviateurs. Auparavant, j'avais souvent
de bonnes intuitions mais, dans l'action, concentré sur ma
volonté d'aller jusqu'au bout, les déviateurs me détournaient
du vrai but et inhibaient la dynamique collégiale nécessaire.

Mon moment-ressource me laisse dans un état de vulnéra-
bilité et, par là, dans une posture de lâcher-prise face à ce
que je m'étais fixé parfois tête baissée. Je me retrouve alors
humble face à ce que je dois servir malgré mes manques. Si je
ne convoque pas le moment-ressource, mes déviateurs m'il-
lusionnent et ne me permettent pas d'atteindre ma vocation.
Comme si je pouvais l'atteindre tout seul ! Alors que plongé
dans le moment-ressource, centré, j'ai conscience que ce qui
doit advenir adviendra. Grâce à la puissance du leadership
authentique. Ce lâcher-prise procuré en me centrant sur le
moment-ressource est en même temps source d'audace :
il permet de bousculer les modèles, de dépasser les structures établies et d'atteindre une proposition plus universelle.
La fondation Espérance Banlieues arrive à faire adhérer à
un même projet des personnes éloignées spontanément de
projets d'écoles en banlieues défavorisées. Il est exception-
nel de voir l'œuvre se construire sans avoir besoin de batail-
ler. De s'effacer devant la force d'un projet porté de manière

profonde et authentique qui s'impose par les preuves de sa réussite sur le terrain. C'est une entreprise entrepreneuriale au service de laquelle je cherche à être constamment pour déployer mon désir de servir l'homme.

Comme dirigeant, je peux mieux servir parce que j'ai un rapport incarné au temps que nous ne maîtrisons pas. L'alignement procuré par la vocation professionnelle, le moment-ressource et le dévoilement des déviateurs me donne d'être présent au présent, faisant ainsi gagner en densité d'action le temps présent.

Le moment-ressource est aussi ce qui me permet comme leader de m'effacer, de devenir par ma présence un tremplin pour l'énergie des autres. Pour aller plus loin, je dirais même que l'expérience du moment-ressource insuffle à ma pratique un surplus de bienveillance pour aller chercher le meilleur des personnes et des choses au moment *ad hoc*. Servir devient une pratique possible et authentique grâce au moment-ressource.

ET VOUS ?

Au terme de ce chapitre, vous disposez normalement de votre moment-ressource et vous pouvez désormais vous entraîner à y recourir pour le revivre intérieurement dès que vous identifiez les symptômes de l'autojustification. C'est une pratique que vous pouvez installer progressivement dans votre vie quotidienne.

L'ambition est de donner vie à ce que Michel Rollier nous indique à sa façon : « *Les personnes ne sont pas des ressources, c'est pourquoi, chez Michelin, nous sommes attachés à notre service du personnel et nous n'avons pas de direction des ressources humaines.* »

Pour conforter cette pratique, il vous faut la considérer comme une habitude, une hygiène de vie. Pour ce faire, la première étape consistera sans doute à, consciemment, en fin de journée, prendre le temps de vous souvenir des relations de la journée, d'identifier les moments où les symptômes d'autojustification sont apparus, puis, en revivant le moment-ressource, d'identifier l'intuition d'une aide à apporter à la personne impliquée. Vous pouvez multiplier cette pratique dans la journée, deux ou trois fois, en préventif. Bientôt, c'est naturellement que vous la mettrez en pratique, dès l'apparition de symptômes afin de remédier sur-le-champ à la situation et éviter que la relation ne s'altère.

Grâce à cette pratique, vous verrez s'améliorer dramatiquement votre indicateur d'«état de service» et diminuer votre stress !

Vous comprenez maintenant pourquoi servir est une pratique qui peut devenir une source d'énergie pour soi et pour les autres. Elle évacue progressivement de notre vie les moments de stress, d'agacement et les relations «hors-service» et inefficaces.

Allez-vous vous mettre en route afin de vivre une telle existence ou avez-vous à ce stade encore quelques hésitations ? Le chapitre suivant se chargera de les dissiper.

Résumé du chapitre

• Revivre le moment-ressource permet de s'interroger sur les difficultés d'une relation et de la remettre «en état de service», en retrouvant l'intuition de ce que nous pouvons apporter à l'autre.
• Le moment-ressource est le moment au cours duquel la personne à qui je dois le meilleur de ce que je suis m'a fait le plus de bien.
• La vie en «état de service» est la seule autorisant un leadership authentique car elle seule est fondée sur des relations de personne à personne.

CHAPITRE 6

Choisir de servir

« Il est grand temps de remplacer l'idéal du succès par l'idéal du service. »

Albert Einstein

À CE STADE de l'ouvrage, vous avez discerné votre vocation professionnelle et vous savez en quoi consiste le principe d'être en état de service qui vous permet de vous rendre disponible à chacun et à chaque instant. Mais est-il raisonnable et possible de passer à la mise en œuvre ? Servir chacun à chaque instant, n'est-ce pas perdre le contrôle ? Ce chapitre va nous faire prendre conscience que choisir d'être disponible à sa vocation professionnelle et se montrer disponible à chacun à chaque instant sont, en fait, deux voies pour arriver au même lieu : le lieu de son leadership authentique.

ENJEU

Au terme de cette deuxième partie de l'ouvrage, il faut désormais « choisir » de servir et passer à l'acte : assumer, d'une certaine façon, une responsabilité d'élite, au sens où elle est exemplaire et indispensable.

Choisir de servir ou pas ? L'enjeu est lourd : il consiste à faire de chacune de vos interactions avec autrui une source d'énergie créatrice au service de la mission confiée… ou pas.

Mais les conséquences présumées peuvent faire hésiter : qu'advient-il de notre existence si l'on décide de se rendre totalement et en permanence disponible – dans l'ici et maintenant – à chacune de nos relations ?

PRINCIPE

La méthode que nous allons ici mobiliser est originale et s'appuie sur la concordance entre une vie en « état de service » et le déploiement fidèle de sa vocation professionnelle. Cette équivalence nous garantit que la décision de vivre des relations en «état de service» aboutit à un épanouissement cohérent de notre existence et à un authentique leadership.

D'une part, si nous vivons nos interactions en «état de service», alors nous mobilisons à chaque instant toutes nos facultés au service de l'autre. Ce service est ni plus ni moins notre vocation professionnelle. D'autre part, si nous décidons de déployer notre vocation professionnelle, nous décidons intimement de servir et, donc, nous adoptons des relations en état de service avec chacun.

D'ailleurs, nous pouvons aisément constater que ce qui nous empêche de déployer notre vocation professionnelle relève souvent des mêmes idées préconçues que celles qui viennent interférer dans nos relations à autrui.

C'est fort de ce principe de cohérence – «entre vivre des relations en état de service» et «déployer notre vocation professionnelle » – que nous allons entrer dans une démarche plus concrète.

MÉTHODE

Il s'agit ici de se décider à «servir chacun», ainsi que l'on s'est décidé, au terme de la première partie, à embrasser généreusement sa vocation professionnelle.

Au cœur de cette posture, en tant que leader, on doit cependant *accepter de prendre le risque de la liberté de l'autre.* Une étape qui ne doit pas être sous-estimée et qui mérite qu'on s'y attarde. Que se joue-t-il réellement ?

Lorsque nous croyons qu'il est moins risqué de choisir une relation «hors-service», sommes-nous en phase avec la réalité ou nous faisons-nous une certaine idée de la réalité ?

La réponse pourrait bien se trouver dans la question elle-même. Car nous devons bien reconnaître le confort psychologique qu'il y a à instrumentaliser l'autre : celui-ci devient ce dont nous avons besoin, nous réduisons sa personnalité à son utilité pour la mission. Certes, il nous paraît moins mystérieux, mais à tort, car il continue d'exister dans la totalité de son être et de sa personne. En vérité, ce qui nous rassure, c'est d'ignorer ce qu'il est vraiment. Non considéré dans sa totalité, dans son unité d'être humain, l'autre nous paraît prévisible, utile et moins menaçant.

Après avoir pris conscience de ce fait, je vous propose deux étapes pour avancer.

La première consiste à considérer le bénéfice qu'il y a à faire le choix de servir et la seconde, à s'entraîner, relation après relation, à progressivement étendre sa zone de confort.

Étape 1 : considérer le bénéfice de servir

Décider de servir autrui à chaque moment d'interaction apporte un triple bénéfice.

- Nous prenons conscience du réel : considérant l'autre tel qu'il est réellement, je lui permets aussi de se rendre totalement disponible à la relation pour nouer une relation authentique.
- Nous augmentons le temps passé en « état de service », un temps dont nous avons vu qu'il est fluide et naturel.
- Nous déployons notre vocation professionnelle, car lorsque nous mobilisons toutes nos facultés, c'est alors que nous apportons ce que nous sommes de manière singulière et réelle et non ce que nous voulons paraître.

Ainsi, servir permet d'enclencher une spirale vertueuse abou-
tissant à une vie authentique, apaisée et efficace, centrée sur le
déploiement de la vocation professionnelle.

Étape 2 : s'entraîner opérationnellement, voire tactiquement

Après avoir considéré intellectuellement le bénéfice de servir,
nous pouvons désormais passer à la pratique, pour développer
l'habitude consistant à servir.

Cela revient à pratiquer ce que nous avons examiné en détail
dans le deuxième chapitre de cette partie.

• Identifier les symptômes d'une relation «hors-service»;
• Recourir à notre moment-ressource ;
• Réengager la relation en considérant ce que nous pouvons
  faire pour aider l'autre.

Ce mécanisme fonctionne dans la plupart des situations.
Néanmoins, il se peut que nous ayons encore des idées préconçues récurrentes et bien ancrées. Pour les contrer, je vous
suggère d'adopter une «arme tactique». Celle-ci consiste à
considérer posément – par exemple, à l'occasion d'un temps
de méditation – ces idées préconçues et à poser – autant de
fois qu'il le faudra – un acte explicite de renoncement à ce que
véhiculent ces idées.

Par exemple, imaginons que nous utilisions fréquemment le
motif «je suis une personne compétente» pour justifier que
nous ne prenons pas le temps de répondre convenablement à
une sollicitation. Nous considérons alors uniquement le plaisir que nous avons quand les autres nous apprécient comme
compétents, au mépris de la réalité de la relation et de ses

exigences. Un acte intérieur de renoncement consistera à se dire par exemple : « Je renonce *à passer pour* une personne compétente », puisque seul m'importe d'*être* compétent. Ainsi, il devient possible de se détacher progressivement des « images » de nous-mêmes pour nous intéresser uniquement à ce que nous sommes effectivement.

Alors, nous pourrons progressivement placer notre vie au service de chacun (par des relations en « état de service ») et de tous (en restant fidèles à notre vocation professionnelle).

QUAND ÊTRE EN « ÉTAT DE SERVICE » EST LE MEILLEUR « GAGNE-TEMPS » DU LEADER

Pour un dirigeant, la disponibilité qu'il offre à ses équipes est un levier majeur de leadership.

Cette disponibilité est le fruit de sa fidélité à sa vocation et au fait d'être en « état de service ». En effet, cela permet d'actionner successivement quatre leviers.

Le premier levier est *l'intention*. La clarté de sa vocation professionnelle, de la vision du succès à faire advenir, des objectifs à atteindre est une clé indispensable permettant de hiérarchiser les actions à mener. Ce travail sur l'intention est indispensable, j'y reviendrai au chapitre 7.

Le deuxième levier est celui de la *focalisation*. Une chose est d'avoir une intention claire, il est néanmoins important de lui rester fidèle. Cette décision implique une « simplification » de son agenda qui ne contient alors plus que les actions strictement nécessaires au déploiement de sa vocation.

Le troisième levier est celui de la *répartition*. Le leader sera conscient de la criticité d'une bonne répartition de son temps et aspirera à donner toujours plus de responsabilités à ses équipes. Ainsi, il veillera à ne s'investir que sur les actions où sa présence est indispensable pour la réussite de son initiative.

Ces trois leviers mis en œuvre, le leader pourra alors mobiliser le quatrième levier qui consiste à être *totalement disponible* envers les personnes rencontrées. Cette disponibilité s'accompagne d'un phénomène intéressant quant à l'usage du temps : en choisissant de laisser la rencontre s'épanouir, le leader mobilise tout le potentiel des personnes qui s'impliquent dans son projet, ce qui, en retour, lui fait encore «gagner du temps». Il est ainsi possible d'affirmer qu'un leader authentique est une «source de temps» pour ses équipes. Cette conception de la disponibilité est aussi la clé d'un meilleur équilibre entre vie personnelle et vie professionnelle, un réel défi pour beaucoup de dirigeants. En effet, un dirigeant qui prend conscience de son rôle irremplaçable en famille – comment déléguer son rôle de père ou de mère ? –, et qui décide de vivre «en état de service» chacune de ses relations, va spontanément trouver une réponse flexible et ajustée à l'exercice de ses responsabilités. Nous sommes loin des solutions de «compartimentage» ou d'«allocation de temps» qui – en général – ne durent pas. La clé de l'harmonie se trouve dans le respect de l'«état de service» de chaque relation.

Enfin, la fidélité à la vocation et la disponibilité à chacun sont le lieu où se développe, pour le dirigeant, un sixième sens, plus intuitif dans la gestion du quotidien. Xavier Grenet en témoigne : «*Le dirigeant est dans une position à assumer et toujours à inventer, celle de la tension entre le bien de son groupe et celui des personnes. C'est une forme de combat quotidien, mais également le sel de notre métier.*»

CE QUE CELA A CHANGÉ POUR
Fabrice N'Kom, Imperial Tobacco

Nous sommes sur un marché très concurrentiel et complexe au niveau local, sortant d'un conflit social de vingt ans qui a vu le niveau de vie des populations se dégrader considérablement. C'est la première fois que je viens dans ce pays africain et le contexte est plus que tendu avec les grossistes. Notre directeur général a pris un certain nombre de décisions dont les grossistes pensent qu'elles cassent leurs privilèges. Ils ont porté plainte auprès du tribunal de commerce sans trouver gain de cause et se sont constitués en syndicat de grossistes de tabac pour faire front commun. Je suis, pour ma part, mal à l'aise avec cette situation. Toute l'équipe m'annonce que les hostilités seront terribles. Le risque est grand que ça se termine très mal à l'instar des réunions précédentes.

Le matin, avant de les rencontrer, je pratique un moment-ressource en me demandant comment je vais conduire cette réunion, comment je vais pouvoir détendre l'atmosphère. Et voilà l'idée que j'ai : pour éviter que le débat ne s'enlise sur la thématique des réductions et suppressions d'avantages, je vais proposer de créer une fiche qui montre le volume qu'ils réalisaient avant et ce qu'ils gagnaient avec les réductions et ce qu'ils font maintenant et ce qu'ils auraient gagné en respectant les conditions actuelles de vente.

Nous validons en équipe et partons pour la réunion. En arrivant, nous découvrons que la salle ressemble à un tribunal avec trois chaises pour nous au centre. Les grossistes ont des piles de dossiers devant eux et un mémorandum qu'ils sont en train de lire. Quand je vois cela, j'ai le cœur qui bat la chamade et je pense que je ne vais pas m'en sortir, qu'ils ne vont pas me respecter. J'ai le cœur qui bat si fort, les pieds qui tremblent tant que je ne parviens pas à m'asseoir. Par réflexe, je fais semblant de répondre au téléphone pour m'éloigner.

Là, j'essaie de pratiquer mon moment-ressource deux ou trois fois de suite. Je fais appel au déclencheur et cela fonctionne. Je commence à me décrire intérieurement la situation : ce que je pense, ce que je ressens, quelles sont les peurs et les difficultés. Je comprends qu'ils se sont institués en tribunal avec leur dossier car ils me voient comme un étranger à qui ils vont pouvoir transmettre leurs récriminations. Une fois que je suis calme, je prends mon courage à deux mains et, entrant dans la pièce, je leur lance : « Allez, on va se mélanger, nous sommes quand même une famille et ça nous aidera à mieux nous connaître !» Ils se décomposent mais, tout de suite, je me mets en action pour déplacer des chaises et tout le monde se joint à moi. On arrive à s'asseoir en mettant les tables en carré et non en U.

Je focalise de nouveau un moment-ressource et je me lance dans un discours à la Martin Luther King. J'explique que je suis venu pour les connaître et qu'au lieu de traîner sur les discussions du passé je leur propose de monter dans le bateau du futur.

Au fur et à mesure du discours, je vois les visages s'éclaircir. Dans ma tête, je sais que je ne vais pas utiliser la note prévue avec l'équipe. Le chef du groupe prend la parole pour me remercier de ce que je viens de dire et affirme au nom de tout le groupe leur volonté de monter dans le bateau. Tout le monde se détend.

De nouveau, j'active mon moment-ressource et j'ai une nouvelle intuition : il faut leur donner la parole pour discuter du futur, savoir ce qu'ils en attendent. Il y a d'excellentes idées qui sont exprimées et qui rejoignent les idées travaillées précédemment en équipe. J'ai l'intuition que je peux leur distribuer le papier pour discuter du futur et voir comment construire et travailler ensemble. Quelle belle victoire pour moi ! Les commerciaux sur place sont impressionnés et me suivront désormais. J'ai pu asseoir ma légitimité d'autant que les résultats obtenus sont durables : à date, les clients qui boudaient et dont les ventes et revenus avaient fortement chuté ont commencé par la suite à revenir.

Un des grossistes m'a dit à la fin de la réunion : «Vous êtes jeune mais plein de maturité, vous nous avez complètement pris à contre-pied, nous nous étions préparés mais vous avez réussi à nous faire aller de l'avant». Un autre *feedback* reçu à la fin de la réunion était que tous s'accordaient sur l'inutilité de conserver l'existence du syndicat qui ne leur apportait rien. Aujourd'hui, le syndicat n'existe plus que de nom.

Cette expérience était incroyable. Grâce au moment-ressource, j'ai pu trouver en moi l'intuition ajustée à la situation et qui répondait à ma vocation professionnelle. Cette

dernière est d'aider les personnes à se réaliser et à s'accomplir. Lors de cette réunion, les grossistes ont eu accès au vrai
Fabrice, pas à un Fabrice programmé. Cela a aussi contribué à créer un véritable climat de sympathie pour inventer
ensemble l'avenir de demain.

ET VOUS ?

Pour commencer, je vous suggère de comparer concrètement les «moments vocationnels» que vous avez identifiés au
deuxième chapitre et les moments en «état de service» que
vous avez récemment vécus.

- Qu'observez-vous ?
- Constatez-vous la convergence possible entre une vie en état
  de service et le déploiement de votre vocation professionnelle ?
- Ce constat est-il de nature à vous inviter à choisir de vivre
  en état de service ?

Ensuite, je vous suggère de procéder en trois étapes.

- Évaluez la fréquence des épisodes «hors-service» de la
  journée écoulée.
  Pendant 21 jours consécutifs, pratiquez assidûment l'analyse
  quotidienne de votre journée. En fin de journée, prenez
  cinq minutes pour noter les principaux moments «hors-
  service» et, pour chacun d'eux, l'idée préconçue qui entre
  en jeu. Posez alors un acte explicite de renoncement à cette
  idée préconçue et remettez la relation en état de service
  avec la ou les personnes impliquées.
- Au terme de ces 21 jours, évaluez la fréquence des épisodes
  «hors-service» de la journée.

Qu'observez-vous ? Avez-vous progressé ? Avez-vous désormais acquis cette habitude de maintenir vos relations en un «état de service»?

* Qu'en est-il du déploiement de votre vocation professionnelle ? Si, à ce stade, vous refaites l'analyse du tableau page 35, quelle proportion d'actions compatibles avec votre vocation professionnelle constatez-vous ? A-t-elle augmenté ?

Résumé du chapitre

• Choisir de servir autrui nous place face au vertige de la liberté de l'autre. L'assumer est un acte de leadership authentique.

• Avec l'expérience, le leader réalise que se montrer disponible à l'autre, tel qu'il est, contribue à la réussite de sa vocation professionnelle.

• Choisir sa vocation professionnelle et se rendre disponible à chacun sont deux choix en synergie. Ces deux portes donnent accès à la même source intérieure de leadership.

PARTIE III

Libérer ses talents

À ce stade de votre cheminement, vous avez découvert les deux piliers du leadership authentique : le choix de répondre à une vocation professionnelle et le choix de se rendre disponible à l'autre. Poser ces deux choix, c'est déclencher mécaniquement une dynamique de transformation personnelle. Car il serait illusoire de penser que tout leader est déjà à la hauteur de ce que requièrent sa vocation et le service de l'autre. L'enjeu de cette troisième partie est de découvrir les axes de transformation du leader authentique selon cette double dynamique. Il pourra ainsi y adhérer, coopérer et accélérer cette transformation bénéfique, authentique « libération » et authentique « valorisation » de ses talents.

CHAPITRE 7

Faire passer du rêve au projet

*« Il est dangereux d'aborder l'éternité avec des
possibilités qu'on s'est interdit de réaliser. »*

Sören Kierkegaard

Pour faire passer son équipe du rêve au projet, le leader authentique aura à cœur de développer des qualités d'humilité (capacité à se centrer sur les autres et à les inclure) et de magnanimité (capacité à voir et agir en grand pour un objectif qui en vaut la peine). L'enjeu est le suivant : être crédible et engageant afin d'incarner, pour ses équipes, une vision de l'avenir. L'ampleur du projet authentique que le leader porte en lui varie en fonction de son humilité et de sa magnanimité.

Enjeu

L'enjeu de ce chapitre est de vous permettre de franchir la première marche de toute dynamique collégiale : faire passer une équipe du rêve au projet, offrir à ses collaborateurs une opportunité concrète d'engagement dans un dessein porteur de sens pour eux et pour la collégialité

Un dirigeant l'explicitait ainsi : « *Ni les cyniques ni les imprécateurs n'ont contribué à changer le monde. Pour cela, nous avons besoin d'éveilleurs. Et, parmi eux, des dirigeants attentifs au sens, aux personnes, responsables, compétents, droits et libres. Des dirigeants capables de donner du sens et l'envie d'avancer.* »

Cette attitude se concrétise notamment à travers l'élaboration puis l'incarnation d'une vision qui élève l'âme, l'intelligence et le cœur des membres de l'équipe.

Principe

La théorie des comportements offre une vision claire de la manière dont une personne parvient à passer du rêve au projet.

Pour ce faire, quatre principes ou éléments doivent se retrouver dans l'environnement de la personne :

- Une vision claire et attractive de la cible à atteindre ;
- Une personne – le leader – qui, par son exemple, ouvre la voie ;
- Un mécanisme de soutien qui permet l'apprentissage de tout ce qui doit l'être ;
- Un mécanisme d'évaluation qui aide la personne à se rendre compte de sa progression.

L'ambition ici est de vous donner les clés pour réussir à mettre en place les deux premiers éléments – qui renvoient à des traits de personnalité – plutôt que d'insister sur les deux seconds qui sont très classiques. L'expression d'une vision claire et attractive et l'exemplarité dans la voie ouverte correspondent à deux caractéristiques personnelles du leader : l'humilité et la magnanimité.

L'humilité peut être décrite comme la capacité à se voir de façon réaliste et ainsi à établir un rapport juste avec son environnement. La magnanimité renvoie à la grandeur d'âme, à la capacité d'être généreux pour des projets qui en valent la peine.

Pourquoi le leader authentique doit-il tendre vers ces deux qualités ?

Tout d'abord, elles sont indispensables pour concevoir et incarner une vision qui facilite le passage du rêve au projet, une vision qui donne envie, à ceux qui la considèrent, de se mettre au service d'une mission. Une telle vision doit en effet être :

- *Objectivement utile, voire nécessaire :* à son écoute, chacun se dira que le leader « doit » faire ce qu'il est en train d'entreprendre ;
- *Émotionnellement engageante :* à son écoute, chacun se sentira touché par le bien qu'apportera le succès de l'initiative et se dira que le monde gagne à sa mise en œuvre ;

- *Ancrée dans la réalité d'aujourd'hui et présentant une amélioration raisonnée de cette réalité :* à son écoute, chacun se dira que le leader doit être accompagné dans cette entreprise et qu'il faudra lui venir en aide afin de contribuer à son succès ;
- *Concrète et néanmoins inachevée :* à son écoute, tous ceux qui se sentiront interpellés pourront imaginer une manière de contribuer et se sentiront *de facto* impliqués pour apporter leur participation ;
- *Suffisamment ambitieuse* pour que ceux qui s'engagent puissent se dire qu'ils seront fiers d'avoir participé à l'aventure.

Les qualités d'humilité et de magnanimité sont également indispensables à l'engagement du leader lui-même. Son rôle est d'ouvrir la voie. D'agir en auteur. Personne ne lui dicte ce qu'il a à faire. Il doit donc puiser dans ses qualités personnelles. L'humilité lui permet d'avoir l'audace nécessaire et d'éviter la peur excessive de l'échec. La magnanimité, qui le conduit à vouloir être ambitieux pour la mission qu'il sert, le porte naturellement à prendre des risques et à engager sa propre personne.

Ainsi, humilité et magnanimité sont les ingrédients d'une posture de leader authentique à même de faire passer les équipes du rêve au projet. C'est ce que Jim Collins, après cinq années de travail – restituées dans son ouvrage *Good to Great*[1] –, découvre et décrit comme le « niveau 5 » du leadership.

L'enquête menée par Collins auprès de nombreuses entreprises américaines montre que les patrons d'entreprises dites « excellentes » sont taillés sur le même modèle, celui du leader de niveau 5. Ce leader exprime non seulement une vision porteuse de sens, mais crée également les conditions de la transmission de ce sens à tous les niveaux. Il ne s'attribue pas le

---

1. Random House Business Books, 2001.

succès. Il sait «regarder à la fenêtre» pour trouver les raisons de son succès, et «se regarder dans la glace» en assumant ses responsabilités. Il ne cherche pas à garantir sa réputation, sa fortune ou à obtenir l'adulation, mais à apporter aux autres ce qu'il porte de meilleur en lui : il veut construire dans la durée. Ce leader-là, qui rend présent l'avenir, est profondément humble et magnanime.

Méthode

Pour développer humilité et magnanimité, il convient, comme pour tout trait de caractère, de franchir les étapes suivantes.
- La compréhension intellectuelle de la qualité en question.
- La répétition consciente d'actes relevant de cette qualité.
- L'acquisition d'une habitude permettant par la suite de poser inconsciemment des actes relevant de cette qualité. C'est d'ailleurs à ce stade que le leader pourra commencer à la transmettre car il l'incarnera.

Développer son humilité

Étape 1 : comprendre ce qu'est l'humilité

À cette étape, il est important de conserver à l'esprit cet adage : «*L'humble se croit orgueilleux et l'orgueilleux se croit humble.*» C'est tout le défi de cette qualité paradoxale.

Ainsi, Dom André Louf rappelle dans son ouvrage *L'Humilité*[1] que notre tendance naturelle est d'appréhender les choses à partir de notre propre point de vue, en fonction de nos propres

------

1. Saint-Maur, Parole et Silence, 2002.

© Groupe Eyrolles

intérêts. Telle est spontanément la posture prise par notre intelligence et notre volonté. Alors que l'humilité consiste, au contraire, à introduire le doute dans nos facultés pour qu'elles se laissent interpeller par la réalité telle qu'elle est et non pas telle que nous souhaiterions qu'elle soit. Notre intelligence se met alors au service du réel et cherche à apporter des solutions concrètes. Notre volonté se met au service du bien et de notre équipe.

Étape 2 : progresser consciemment vers l'humilité

La difficulté pour développer des qualités d'humilité, c'est qu'il ne faut pas craindre de subir des «humiliations» (non pas en tant qu'actes délibérément dégradants, mais en tant que situations qui ne sont pas à notre avantage)! C'est la seule manière de s'y prendre. Alors comment progresser, concrètement ?

Vous trouverez un excellent terrain d'entraînement dans les événements du quotidien. Sauf exception, chaque jour offre son lot de surprises, de contrariétés. Face à celles-ci, notre intelligence et notre volonté peuvent se rebiffer ou, au contraire, nous pouvons accueillir la situation, la comprendre en profondeur, nous remettre en question pour choisir de progresser.

Typiquement, lorsqu'un de nos projets échoue, choisir d'être humble implique d'organiser un retour d'expérience, d'examiner précisément ce que nous avons fait ou oublié de faire et ainsi travailler à une manière de rectifier.

De même, à chaque fois que nous vivons une aventure avec notre équipe, nous pouvons spontanément solliciter un retour de sa part afin qu'elle nous dise comment mieux faire la prochaine fois.

Peut-être trouverez-vous qu'il y a un trop grand écart entre nos responsabilités et ces actes ? Ce n'est pas le cas. Une qualité comportementale s'acquiert lors de petites opportunités, sinon elle ne s'acquiert pas. C'est parce qu'elle est mise en œuvre dans de tels petits moments qu'elle peut ensuite se révéler de manière plus spectaculaire à l'occasion d'un événement comme, justement, la proclamation d'une vision ambitieuse.

Étape 3 : adopter une posture humble

Le chemin vers une attitude radicale d'ouverture au réel et aux autres est long et complexe et personne ne s'aventurerait à qualifier sa propre posture d'humble !

Malgré tout, le leader authentique, soucieux de grandir en humilité, se découvrira progressivement capable :

- De se mettre systématiquement au service de sa vocation professionnelle ; d'être capable de nouer des relations fructueuses avec tous types de personnes ; de se préoccuper systématiquement du besoin des autres ;
- De faire confiance aux autres ; d'être compréhensif envers ceux qui l'entourent ; de les encourager à donner leur opinion et à coopérer sans peur ; de respecter leur contribution autonome ; de les responsabiliser ; de partager ses talents pour aider chaque collaborateur à se réaliser ; de leur laisser les fruits et les mérites de leur travail ; de s'appuyer sur eux pour faire la différence et réussir l'initiative ;
- D'être exigeant vis-à-vis de lui-même ; d'apprendre de toutes situations, d'écouter et de prendre en compte tout avis pertinent avec célérité et enthousiasme (quel qu'en soit l'auteur) ; de se comporter de manière à garantir la continuité au-delà de ses intérêts et de sa propre personne ; de faire en sorte de tout organiser pour ne pas être indispensable ; de préparer sa succession afin que la mission puisse perdurer en son absence.

Dans cette posture, l'autorité du leader – définie ici comme le service qu'il rend en prenant des décisions pour le groupe – n'est pas affaiblie, bien au contraire. Ce point est important : souvent, la voie vers l'humilité est bloquée par la crainte qu'elle n'affaiblisse l'autorité. Certes, le pouvoir du leader – s'il était usurpé – pourrait pâtir de l'humilité. Mais non son autorité : afficher qu'on entretient un juste rapport à ses forces et à ses points de développement est un gage de confiance offert aux équipes qui accepteront d'autant mieux les décisions prises. Parce que l'effort de sincérité sur ses points faibles aura, au préalable, conduit le leader à se faire bien entourer et conseiller.

Le dirigeant doit avoir une conscience aiguë de ses limites. C'est alors qu'il peut adopter – avec authenticité – cette attitude apparemment paradoxale de les assumer sans renoncer ni à diriger ni à entraîner. Et cela ne ruine en rien son autorité. Au contraire.

Dans cette posture humble, le leader authentique jouit de surcroît d'une satisfaction profonde car il accueille la plupart des événements et des contributions avec gratitude. Ce sentiment vient nourrir son désir de servir avec générosité sa vocation professionnelle et de se perfectionner. En ce sens, l'acquisition de l'humilité est fondamentale : elle est en quelque sorte la porte d'entrée à l'acquisition de toutes les autres qualités nécessaires au leadership authentique.

Développer sa magnanimité

Étape 1 : comprendre ce qu'est la magnanimité

La magnanimité, la grandeur d'âme, au sens étymologique du terme, est la faculté de tendre vers de grandes choses. Un leader magnanime dans ses rêves, sa vision et le sens de sa mission sera en mesure de se fixer à lui-même et aux autres des objectifs personnels et organisationnels élevés. La magnanimité consiste à tendre à s'appuyer sur le travail, l'effort et la persévérance pour accomplir la mission. Le leader n'a pas à craindre les chemins ardus s'ils sont nécessaires à la réalisation de sa mission : il se préoccupe de mener à bien chaque tâche, petite ou grande. Il s'assure de s'améliorer personnellement, sans se reposer sur ses acquis, et il exige de chacun le meilleur selon ses capacités tout en veillant à promouvoir son épanouissement.

Rien de tel que de lire des récits, des biographies héroïques de personnes ayant accompli de grands desseins pour l'humanité pour, à travers ces exemples tirés de la réalité, entrevoir l'importance de cette qualité à l'origine de grandes initiatives. Ainsi, lorsque le général de Gaulle lance son appel à la résistance, il fait preuve de magnanimité, au nom d'«une certaine idée de la France» ; lorsque Gandhi appelle à résister sans violence à la ségrégation, il fait aussi preuve de magnanimité ; lorsque Mandela accepte de passer près de vingt-cinq ans en prison pour mettre à bas l'apartheid, il fait preuve de magnanimité.

Étape 2 : progresser consciemment vers la magnanimité

Pour acquérir cette qualité, nous devons être attentifs à poser des actes généreux, à ne pas refuser de faire le bien autour de nous, sous prétexte que ce serait trop engageant, trop risqué, trop susceptible de nous confisquer un certain confort, de nous sortir de la routine. Être diligent et généreux dans les petites occasions de chaque jour : voilà le chemin de la magnanimité.

Encore une fois, ce sont toutes ces petites occasions au cours desquelles nous choisissons ou non de pratiquer la magnanimité qui nourrissent notre progression. S'embarquer dans un projet pharaonique sous prétexte d'être magnanime traduit de l'imprudence ou une ambition déplacée et égocentrique. C'est dans la succession des petites décisions de générosité que se recompose notre personnalité, pas dans les coups d'éclat sans lendemain. Notre personnalité, au contact de situations concrètes, va ainsi pouvoir s'épanouir et s'autoriser à emprunter des chemins de plus en plus généreux.

Étape 3 : adopter une posture magnanime

C'est progressivement que le leader authentique acquiert une posture «magnanime». Quels en seront les effets sur son entourage ? Ses équipes seront enthousiasmées à l'idée de participer à une œuvre importante, revêtant du sens, qui pourra faire date et laisser une trace dans leur vie. Elles ne compteront pas leurs efforts et chaque échec sera rapidement analysé et dépassé. Chaque participant à l'initiative se verra vite proposer un rôle, une mission adaptée à sa situation et importante pour la réussite de l'ensemble. Et tous, se sentant tirés vers le haut, seront à la fois joyeux de tout donner pour l'initiative et profondément conscients qu'il leur faudra toujours être prêts à se former pour progresser.

INSPIRATION POUR L'ACTION

Robert Schuman, l'un des pères fondateurs de la construction européenne, est sans doute historiquement une figure éloquente du leadership, empreinte de grandeur et pétrie d'humilité. Ceux qui l'ont côtoyé en témoignent : cet homme a su porter et incarner une vision de l'Europe, fondée sur une éthique de la confiance et sur la providence qui guide les peuples. Celle-ci inspire sa conception du monde et des rapports entre les individus et les nations.

« Ce qui m'a d'abord frappé en lui, c'était le rayonnement de sa vie intérieure. On était devant un homme consacré, sans désirs

personnels, sans ambition, d'une totale sincérité et humilité intellectuelle, qui ne cherche qu'à servir, là et au moment où il se sentait appelé » (André Philip, professeur d'économie politique, ancien ministre socialiste – SFIO).

... / ...

« Je n'ai jamais vu un homme d'apparence plus modeste, d'allure plus discrète, manifester autant d'imagination et d'audace politique. Il n'avait aucune des caractéristiques que l'on réclame généralement d'un leader. Il parlait simplement, sans formules frappantes, ne cherchant pas à émouvoir. Mais une telle honnêteté, une telle conviction, une telle sagesse émanaient de ses propos qu'il séduisait, convainquait et entraînait mieux que n'aurait pu le faire un orateur bien plus brillant. (...) Il a démontré que l'on peut devenir le premier en s'imposant par un ensemble de qualités humaines, et qu'il est inutile de réclamer arbitrairement cette primauté au nom d'une grandeur que l'on s'octroie ou d'une autorité que l'on se confère à soi-même » (Paul-Henri Spaak, ancien ministre belge des Affaires étrangères).

Ces citations sont extraites du site www.robert-schuman.com qui recueille des témoignages historiques sur celui qui fut l'un des pères de l'Europe.

CE QUE CELA A CHANGÉ POUR
Louis de Lestanville

Après mon diplôme à l'ESCP, j'ai choisi de travailler dans un fonds d'investissement pour accompagner des entrepreneurs dans leurs projets de développement ou de reprise d'entreprise. J'ai fait ce métier pendant une quinzaine d'années au sein d'un groupe de capital investissement européen. Puis mon propre désir d'entreprendre m'a rattrapé : j'avais l'intuition de créer un fonds qui me permettrait d'investir selon des critères et des valeurs importants pour moi. Mais j'étais face à un puzzle dont je ne savais comment agencer les pièces, ou dont certaines pièces me semblaient manquer.

Le leadership authentique, expérimenté en accompagnement personnel, a eu la force et la précision d'un acte chirurgical.

J'avais l'intuition de la direction à prendre mais j'avais besoin d'être guidé pour préciser et formuler le sens de ce projet que je portais en moi. Ce pour quoi la vocation professionnelle m'a été très utile. En la formulant, on fait émerger de soi ce que l'on a au plus profond et on peut ensuite discerner si on est au bon endroit. Pour ma part, cela m'a permis de confirmer que je ne voulais pas quitter le métier de l'investissement mais que mon désir profond était de construire un autre modèle de fonds d'investissement. J'étais donc au bon endroit, le passage de l'intuition au projet se situait dans la continuité de ce que je faisais déjà. Et le changement de modèle de fonds me permettait d'habiter autrement mon métier.

Le cheminement s'est fait par étapes, de manière progressive. Dans ce parcours, c'est la pratique du retour en zone qui a été la plus fructueuse. Au rythme d'un à deux retours en zone par jour, j'arrivais à saisir les enjeux de chaque journée, simples ou complexes, avec une agilité toute nouvelle. En séquençant les sujets, je les abordais sereinement au lieu d'attendre de m'y heurter. Ma vocation professionnelle me donnait la direction, l'horizon de mon action tandis que le retour en zone me permettait de régler les problèmes de chaque jour.

En résumé, l'impact de l'accompagnement a d'abord été personnel en me permettant d'affiner mes intuitions et de les formaliser. Il a également été collectif en me permettant de structurer le projet d'entreprise avec mon associé et de le réaliser ensemble.

Dans le fonds d'investissement que nous sommes en train de créer, nous cherchons à unifier notre savoir-faire et nos convictions profondes. Dans la lignée du leadership authentique, nous voulons réconcilier la performance économique et la performance sociale des entreprises. Nous défendons un management responsable qui mette l'homme au centre de l'entreprise et qui fasse des critères ESG (environnemental, social et gouvernance) le socle d'un projet d'entreprise et pas seulement des cases à cocher en fin d'année. C'est un vrai challenge et nous avons déjà reçu des soutiens très précieux qui nous encouragent à aller de l'avant.

ET VOUS ?

Vous avez sans doute déjà pris quelques résolutions pour
exercer vos facultés d'humilité et de magnanimité. Pour vous
suggérer de nouvelles pistes, je vous propose de répondre à
quelques questions relatives à ces qualités.

Développer l'humilité

- Le désir de mettre en œuvre ma vocation professionnelle
  est-il mon premier moteur ou ai-je tendance à accorder
  une attention significative (voire supérieure) à d'autres
  aspects (le regard des autres sur moi, la recherche d'une
  situation confortable, le pouvoir, l'argent…) ?
- Ai-je conscience que les talents dont je dispose peuvent être
  utiles aux autres ? Suis-je décidé à m'en servir généreusement ?
- Suis-je exigeant envers moi-même et compréhensif envers
  les autres ?
- Est-ce que je me réjouis du succès des autres ?
- Est-ce que j'organise les tâches de manière que l'on puisse se
  passer de moi sans que la mission soit mise en danger ?
- Ma journée comprend-elle un moment d'examen pour
  faire le point sur mon comportement et en tirer des conséquences concrètes pour progresser dès le lendemain ?
- Ai-je mis au point un plan de développement des compétences à acquérir pour m'améliorer ? Ai-je identifié des
  mentors qui pourront m'aider efficacement ?

Développer la magnanimité

- Ai-je conscience de la valeur singulière de ma vocation
  professionnelle ?

© Groupe Eyrolles

- Est-ce que je me rends compte que ne pas la mettre en œuvre revient à laisser inoccupée une place unique que personne ne pourra combler, à gaspiller mes capacités ?
- Suis-je généreux dans l'ambition que je déploie au service de ma vocation professionnelle ?
- Est-ce que je vois grand, en entraînant avec moi tous ceux qui pourraient contribuer à l'initiative ?
- Suis-je prêt à m'engager et à me mettre en route malgré l'effort, les difficultés probables, les échecs passés ou la possibilité d'un échec futur ?
- Est-ce que mon engagement est rendu tangible par les renoncements qu'il implique ? Est-ce que je vis ces renoncements avec joie et détachement ?
- Ai-je conscience de l'exemplarité de mon attitude, que je le veuille ou non ? Cela me conduit-il à être audacieux et persévérant, sachant que ma décision pourra en convaincre d'autres à s'engager sur la même voie ?
- Ai-je à cœur de créer des opportunités de leadership pour ceux qui m'entourent, les invitant ainsi à donner le meilleur d'eux-mêmes ?

Résumé du chapitre

- Pour faire passer du rêve au projet, le leader authentique doit incarner de manière crédible une vision du futur vers lequel il guide ses équipes.
- Cette crédibilité s'appuie sur les facultés d'humilité (capacité à se centrer sur les autres et à les inclure) et de magnanimité (capacité à voir et agir en grand pour un objectif qui en vaut la peine).
- L'humilité s'acquiert par l'accueil, la compréhension, le dépassement et l'acceptation de situations à notre désavantage. La magnanimité s'acquiert en s'entraînant à la générosité et à la bienveillance auprès d'une personne, d'une équipe ou d'une organisation.

CHAPITRE 8

Faire passer de l'observation à l'engagement

« L'ultime test pour un leader est qu'il laisse en ceux qui le suivent la conviction, la volonté et la capacité de poursuivre.»

Walter Lippmann

Pour faire passer ses équipes de l'observation à l'engagement, le leader authentique aura à cœur de développer sa capacité d'accueil, son « ouverture » et des qualités de maîtrise de soi et de justice. L'enjeu est de taille : susciter l'adhésion du plus grand nombre de personnes désireuses de contribuer à l'initiative. Intimement désireux de vivre sa vocation et d'être disponible à chacun, le leader authentique travaillera d'abord sa capacité d'ouverture. Il veillera ensuite, par la mobilisation de toutes ses facultés au service de sa vocation, à rendre « évident » et « accessible » à tous ce que signifie chercher à faire advenir son projet. Enfin, il cherchera à traiter équitablement toute personne souhaitant s'y investir. Ainsi, toute personne se sentant authentiquement interpellée par la mission pourra s'y engager, car elle aura été informée du projet à faire advenir et aura été véritablement accueillie.

ENJEU

Ce chapitre présente différentes clés facilitant le passage de l'observation à l'engagement. Si les équipes peuvent s'enthousiasmer à l'exposé d'une vision, elles doivent aussi se mettre en mouvement de manière effective et engagée. Et pour obtenir cette mise en mouvement de chacun, comme le dit Michel Rollier, ancien gérant de Michelin : « *L'exemple reste le meilleur vecteur.* » Comment le leader authentique peut-il susciter l'adhésion autour de l'initiative qu'il sert, du projet qu'il souhaite faire advenir ? Quelles sont les qualités personnelles qu'il lui convient de développer ? Tel est l'enjeu de ce chapitre.

PRINCIPE

Pour susciter l'adhésion, un leader doit veiller à travailler, d'une part, son «ouverture», c'est-à-dire son potentiel d'accueil des acteurs susceptibles de se mobiliser dans l'initiative et, d'autre part, la création et le maintien de relations effectives avec ces derniers.

Pour accroître cette ouverture, trois dimensions doivent être mises en œuvre.

- L'expression de son intention et la démonstration de sa détermination à la mettre en œuvre : comment peut-on s'engager derrière un leader qui ne sait où il va et s'il y va ?
- Le «lâcher-prise» dans la maîtrise du déploiement de l'initiative. Le leader devra laisser suffisamment de place à ceux qui veulent s'engager : comment peut-on accepter de suivre un leader qui – par excès de contrôle – ne fait pas confiance et se refuse à impliquer des tiers ?
- La maîtrise du temps en transmettant à tous la conviction qu'il est une ressource – certes rare, mais disponible – pour bâtir l'initiative : comment adhérer au projet d'un leader qui – par peur de manquer de temps – agit dans la précipitation et ne laisse à personne la possibilité de s'approprier telle ou telle initiative ?

Ces trois dimensions renvoient à des dispositions très fondamentales du leader : son rapport à la finalité (qui dépend de sa lucidité sur le sens de sa propre existence, sur sa vocation professionnelle et sa capacité à agir en cohérence), son rapport au cours des événements (qui dépend de sa capacité à accueillir des événements dont le sens n'est pas apparemment compatible avec ses plans initiaux) et son rapport au temps (qui dépend de sa capacité à identifier en chaque instant ce qui pourra être favorable à ce qu'il sert). Ces questions, très personnelles, doivent être éclaircies par le leader afin qu'il puisse révéler tout son potentiel.

Ensuite, pour créer et soutenir ses relations de *followership*, le leader doit comprendre la nature spécifique du lien existant et le servir délicatement en restant juste et maître de soi.

MÉTHODE

Étape 1 : augmenter son ouverture

Avant de susciter une adhésion, le leader authentique veillera à être en capacité d'accueillir ceux qui pourraient adhérer. Nous appellerons cette capacité d'accueil *«ouverture»*. Comme nous l'avons vu plus haut, l'«ouverture» dépend de la clarté avec laquelle son intention aura été exprimée, du rapport au temps et du rapport au cours des événements.

Exprimer son intention

Pour exprimer clairement votre intention, vous devrez veiller à expliciter la cohérence entre votre vocation professionnelle et l'initiative que vous menez : c'est le gage de votre détermina-tion à la mener à son terme. Il s'agit donc ici de convoquer les considérations de la première partie. Concrètement, un leader authentique doit pouvoir résumer en quelques phrases ce qu'il veut faire, pourquoi il est la bonne personne pour ce projet et démontrer sa détermination.

INSPIRATION POUR L'ACTION

Un des plus beaux exemples d'une telle déclaration est probablement le discours prononcé par Martin Luther King Jr., sur les marches du Lincoln Memorial, à Washington D.C., le 28 août 1963. En voici un bref extrait, mais le discours mérite une relecture complète tant sa puissance est grande :

« Je vous dis aujourd'hui, mes amis, que, malgré les difficultés et les frustrations du moment, j'ai quand même un rêve. C'est un rêve profondément enraciné dans le rêve américain.

J'ai un rêve qu'un jour cette nation se lèvera et vivra la vraie signification de sa croyance : "Nous tenons ces vérités comme allant de soi, que les hommes naissent égaux."

J'ai un rêve qu'un jour, sur les collines de terre rouge de la Géorgie, les fils des anciens esclaves et les fils des anciens propriétaires d'esclaves pourront s'asseoir ensemble à la table de la fraternité.

J'ai un rêve qu'un jour même l'État de Mississippi, un désert étouffant d'injustice et d'oppression, sera transformé en une oasis de liberté et de justice.

... /...

J'ai un rêve que mes quatre enfants habiteront un jour une nation où ils seront jugés non pas par la couleur de leur peau, mais par le contenu de leur caractère.

J'ai un rêve aujourd'hui.

J'ai un rêve qu'un jour l'État de l'Alabama, dont le gouverneur actuel parle d'interposition et de nullification, sera transformé en un endroit où des petits enfants noirs pourront prendre la main des petits enfants blancs et marcher ensemble comme frères et sœurs.

J'ai un rêve aujourd'hui. »

Optimiser sa maîtrise du déploiement de l'initiative

Il n'est pas nécessaire de posséder une vision trop précise de la manière dont une mission doit se dérouler. Vouloir tout définir jusqu'au moindre détail et tout contrôler personnellement conduit à s'entourer d'agents d'exécution et à entraver la constitution d'une équipe dynamique susceptible de se dépasser, de surprendre et donc d'entreprendre de grandes réalisations.

Pour progresser dans cette dimension, le leader authentique doit apprendre à lâcher prise sans se désintéresser du résultat. Au meilleur de lui-même, il détient une vision claire de l'allocation des responsabilités et se présente auprès de chacun comme une personne ressource, un soutien à la réussite. Il ne craint pas d'assumer les éventuelles défaillances de ses collaborateurs.

Ce lâcher-prise lui permet alors d'adopter à partir de l'analyse des seuls besoins de son interlocuteur une attitude optimale : diriger si la capacité et la volonté sont faibles ; coacher si la capacité est faible mais la volonté forte ; motiver si la capacité est forte mais la volonté faible ; ou déléguer si la capacité et la volonté sont fortes.

Optimiser son rapport au temps

Le leader authentique contribue à l'instauration d'un juste rapport au temps, découlant d'une tension entre un sentiment d'urgence – car la cause est importante et le temps est une ressource rare – et un sentiment d'éternité – car la cause est objectivement nécessaire et le temps la fera advenir de toute manière. Pour y parvenir, nous l'avons déjà évoqué au chapitre 6, il travaille son propre rapport au temps en mobilisant trois leviers : *la focalisation, la hiérarchisation et la protection.*

Pour que le leader authentique reste serein dans l'usage de son temps, il lui faut rester lucide sur ce qu'il « veut voir advenir ». C'est le procédé de *focalisation*. Plus son objectif sera aligné sur sa vocation professionnelle à long terme, plus il manifestera sa sérénité car il aura le sentiment profond d'être à ce qu'il fait et de faire ce qu'il doit.

Après la phase de focalisation, il lui appartient de rapporter toutes ses actions à la finalité de l'initiative. C'est ainsi qu'il peut introduire une saine hiérarchie dans les tâches à accomplir en choisissant d'abandonner ce qui ne mérite pas d'y consacrer trop de temps. C'est la *hiérarchisation*.

Enfin, il veille à ce que le temps restant soit utilisé au mieux, en s'appuyant sur des collaborateurs, chaque fois que cela est possible, et en ne se réservant que les tâches et la contribution qui lui reviennent strictement. C'est la *répartition*.

Étape 2 : susciter l'adhésion de *followers*

Augmenter son ouverture, disposer d'une capacité forte d'accueil ne constitue pas l'équipe. Le leader authentique doit désormais aller à la rencontre de ceux qui souhaitent contribuer, ses futurs *followers*.

Réaliser que des *followers* existent déjà

Comme toujours, partir de la réalité… Un leader authentique ne part pas d'une page blanche. Soucieux de réaliser sa vocation professionnelle, il s'appuie sur les personnes déjà impliquées dans les moments authentiques qu'il a vécus. Ces personnes constituent l'embryon de son *followership*.

Comprendre la nature de la relation à établir et la manière d'y parvenir

La nature du lien qu'un leader authentique établit avec ses *followers* est bien particulière. Soucieux de vivre des relations en état de service, il sera attaché à ce que l'engagement du *follower* reste libre et personnel. Il ne s'agit pas de recruter des complices d'un instant, de manière transactionnelle et instrumentale ; il s'agit de susciter une adhésion responsable et durable.

Par définition, c'est là prendre le risque de la liberté de l'autre : sans choix libre, pas d'adhésion véritable. Cette idée est essentielle afin que la mobilisation soit durable et de nature à décupler les énergies au service de la mission.

Cette prise de risque doit être totalement assumée par le leader. Son lien avec le *follower* s'établit sur la base d'une réponse libre à sa proposition. Le leader – par l'articulation de sa vocation, son engagement à la servir et à être disponible envers ceux qui veulent y contribuer – suscite ainsi une réponse généreuse du *follower*.

Pour créer les conditions d'un engagement mutuel authentique, le leader passe typiquement par les étapes suivantes.

1. Il doit connaître la vocation professionnelle du futur *follower*.

2. Il doit examiner la compatibilité entre la vocation professionnelle du *follower* et la mission : dans quelle mesure la mission proposée est-elle le lieu adéquat pour que le *follower* y déploie sa vocation ?

3. Il doit, dans l'affirmative, définir avec le *follower* un rôle adéquat.

Au terme de ce processus d'adhésion, un lien fort, porteur d'engagement, sera établi.

CE QUE CELA A CHANGÉ POUR
Élodie Le Gendre, fondatrice de Sevenstones

J'ai travaillé pendant quinze ans au sein de différentes banques privées où j'ai notamment conseillé des dirigeants sur leur patrimoine professionnel et personnel et accompagné des opérations de fusions et acquisitions de PME en développant une expertise d'accompagnement d'entrepreneurs dirigeants et actionnaires. L'histoire des entrepreneurs, leur parcours et leur vision du développement de leur entreprise me passionnent. J'étais interpellée par les statistiques propres à notre métier : deux tiers des fusions/acquisitions sont destructrices de valeur pour les actionnaires. Or les raisons de ces échecs sont principalement liées à des facteurs humains et culturels : incompatibilité de culture d'entreprise, départ de collaborateurs clés, résistance au changement, erreurs d'appréciation des obstacles au rapprochement. En d'autres termes, les entreprises paient très cher dans le temps ce qui a été mal apprécié au départ. Dès lors, comment faire mentir les statistiques ? Quelle méthode élaborer, quel accompagnement proposer pour réussir des mariages d'entreprises qui durent et qui soient créateurs de valeur humaine et financière ?

J'avais le désir de créer une entreprise où l'humain et la finance puissent fonctionner en synergie. C'est une approche de conviction et la marque de fabrique du cabinet : *Aligning people and business.* Partir des singularités, faire des choix en conscience, privilégier la bienveillance, trouver les bons partenaires avec lesquels s'associer, assurer un suivi de projet sont les étapes clés que nous proposons pour réussir.

J'ai découvert le leadership authentique alors que le cabinet se développait. J'ai été accompagnée personnellement dans la découverte des composantes de mon leadership authentique et nous avons organisé deux séminaires au sein du cabinet. Ils ont été une superbe opportunité pour unir la vocation professionnelle de chacun avec la réalité *business* du terrain et mettre en exergue la spécificité de notre entreprise. J'ai à cœur de permettre à chaque personne de trouver son unité dans son projet professionnel. Plus ils se déploient, plus leur vocation professionnelle s'affine et plus la puissance du projet collégial et de ce qu'il porte de différent peut croître au service de nos clients. C'est un cercle vertueux ! Il faut sans cesse se questionner, être créatif, apprendre et je crois que j'honore ma vocation professionnelle en faisant ce métier. Je garde en mémoire cette phrase d'un ami guide de haute montagne alors que je lui parlais de mon métier : « Tu aimes ce que tu fais, ça se voit, ça se sent, c'est précieux. » Le discernement de la vocation professionnelle, le moment-ressource, la pratique du retour en zone, la culture de l'authenticité : autant de moyens de rester aligné pour gagner en puissance de leadership dans une cohérence globale de vie. Tout l'enjeu – le leadership authentique nous permet de le faire advenir – est que chacun définisse comment vivre individuellement cette expérience au service du bien commun.

Le moment-ressource et les intuitions qui en jaillissent soutiennent le besoin d'aiguillonner nos clients pour faire mentir les statistiques et donc permettre la réussite des opérations qu'ils envisagent (cession, acquisition, levée de fonds). Dans certains cas, notamment dans le cadre de médiations entre actionnaires qui ne s'entendent plus, le leadership authentique permet de gagner en confiance, d'avoir l'audace de proposer des solutions inventives, de laisser parler son intuition et de garder une agilité dans des terrains lourds en raison des tensions qui les caractérisent. Nous aidons nos clients à reformuler leurs besoins et leurs difficultés et les accompagnons dans leur évolution.

Il y a très peu de femmes dans le secteur de la fusion-acquisition, la façon de faire est donc très masculine en donnant souvent une place insuffisante *à l'intégralité des dimensions humaines (intellectuelles, affectives, psychologiques, physiques)* et aux dimensions humaines et émotionnelles. La phase de conseil amont est souvent rognée au profit de la phase d'exécution de la transaction. Or le succès d'une cession, d'une acquisition, d'une levée de fonds repose sur cette phase de conseil préliminaire, avec le plus d'authenticité et de profondeur possible pour que l'opération visée soit un succès.

Toutes les dimensions de la communication doivent être prises en compte. Dans de nombreux cas, nous avons proposé des solutions qui se sont révélées efficaces en observant simplement l'attitude des parties prenantes, alors que leurs discours pouvaient laisser penser que tout était bloqué ! Écouter, bien sûr, mais aussi observer car la communication non verbale est essentielle. Si la bienveillance est au cœur de notre approche, le parti pris radical de l'accueil de l'autre, sans tiédeur ni mollesse mais avec fermeté et engagement, permet de poser des choix et de tenir le cap. Je suis garante et fondatrice de ce positionnement qui ne se limite pas au comportement car il traduit un ancrage et une attitude intérieure qui permettent de susciter chez l'autre le désir de suivre.

C'est aussi ce qui permet de poser des choix ancrés dans le réel au regard de la vocation professionnelle, des talents de chaque personne et du projet de l'entreprise. Le leadership authentique, c'est aussi ce qui me permet comme dirigeante de prendre conscience de mes déviateurs pour me remettre en question et progresser en gardant le cap, avec lucidité et enthousiasme, par tous temps !

Étape 3 : nourrir la relation leader-*follower* par la maîtrise de soi et la justice

Évidemment, le leader authentique cherche à établir et à maintenir des relations en état de service avec ses *followers*. Et il mobilise toutes ses capacités pour atteindre cet objectif, en particulier la maîtrise de soi et son sens de la justice.

Bien sûr, il ne s'agit pas ici de réprimer vos passions, vos envies, vos idées, vos intuitions, ou même votre spontanéité, mais de les accueillir et de les diriger, par la raison et la volonté, vers le service à rendre. À l'évidence, le manque de maîtrise de soi ruine tout espoir de leadership : perte de sang-froid, colère, décision caricaturale, irrégularité de tempérament ou de qualité d'analyse, manque de ponctualité ou de fiabilité, envie, jalousie... Ce type de comportement n'est pas la marque du leadership authentique.

La maîtrise de son tempérament commence dans l'intimité par la pureté. Maîtriser sa sensualité – qui renvoie à la capacité à ordonner plaisir et relation – est un exercice sur soi qui dispose à la générosité et à la disponibilité de cœur et d'esprit envers les autres. Une vie intime désordonnée suscite une préoccupation excessive pour son propre plaisir, son bien-être, et interdit toute authenticité dans le leadership. Il suffit d'ailleurs de voir combien est entamée la crédibilité d'un leader quand des désordres de ce type finissent par être connus. La maîtrise de soi inclut la capacité à gérer son impulsivité et son anxiété en toutes circonstances. S'il se comporte ainsi, le leader parvient à créer une large surface d'échanges : maître de lui-même dans toutes les situations, il ne craint pas d'engager les discussions – même délicates – avec chacun.

La maîtrise de soi englobe les biens matériels comme immatériels : accorder trop d'importance aux honneurs, au pouvoir, à l'argent ou à la connaissance, c'est se mettre à vivre dans la peur de les perdre. Cette peur entrave le leader dans sa magnanimité et son courage et engendre la violence : on use alors d'un leadership défensif, on organise des batailles pour ne pas perdre tel ou tel bien au lieu d'utiliser son énergie au service de la mission.

L'énoncé est clair : la maîtrise de soi est reliée à la capacité effective de diriger. Le leader – détaché et tempérant – sait faire face aux situations les plus déstabilisantes avec sérénité et clairvoyance : il devient un lieu de recours et de stabilité pour ceux qui le suivent, il ne perd pas de vue sa mission et l'impératif du service. Il sait opportunément réaffirmer le sens (direction et signification) de l'action.

À travers ces trois étapes, vous avez découvert comment le leader authentique peut faire passer chacun de ses *followers* de l'observation à un engagement libre, responsable et durable.

EXEMPLE À MÉDITER

Michel Rollier, gérant de la compagnie des établissements Michelin de 2006 à 2012, livre ici son vécu inspiré de modération, de patience et de justice.

Par sa culture d'entreprise, le groupe Michelin offre un exemple intéressant de leadership authentique, vécu et assimilé au sein du groupe. L'existence d'un « service du personnel », composé d'un gestionnaire de carrière chargé de faire progresser le collaborateur dans ses responsabilités, de l'accompagner et de le préparer à des responsabilités futures, témoigne de l'engagement authentique en faveur du développement des personnes au sein de l'entreprise. Cela a été voulu dès l'origine par la famille Michelin.

Michelin a fait précisément du respect des personnes et du développement des talents deux valeurs fortes de l'organisation. Le respect est *« un facteur de performance dans l'entreprise et un levier d'efficacité économique »*. Le développement des talents est *« une exigence de tous les jours »*, reconnue comme un enjeu majeur dans la transformation du groupe, et à l'origine de son rayonnement.

Selon Michel Rollier, une qualité importante dans le leadership du gérant est la vertu de justice, en particulier lorsque celui-ci en vient à décider le lancement d'un plan social, en temps de crise. Un plan social s'apparente à une « sanction », et il revient au leader d'accompagner cette « sanction » d'un *« langage de vérité »* avec les salariés. *« Ce n'est pas avec un chèque que l'on s'exonère de ses responsabilités. »* Le devoir du leader est de «*s'assurer en permanence de l'employabilité de ses salariés*». La mise en place des «*ateliers de transition professionnelle*» chez Michelin est en cela exemplaire, explique Michel Rollier. À travers ces ateliers, Michelin a créé un dispositif innovant d'aide au reclassement de ses équipes, qui a été déployé systématiquement lors de la réorganisation ou de la fermeture d'usines.

Michel Rollier insiste sur ce point : l'enjeu profond du leadership authentique est de savoir anticiper, avant même d'exercer la vertu de justice. «*Il est nécessaire d'être très à l'écoute pour entendre les alertes discrètes qui ne sont pas dites ouvertement : percevoir les signaux faibles est l'un des grands défis du leader.*»

ET VOUS ?

Au terme de ce chapitre, vous témoignez sûrement d'une certaine impatience à l'idée de développer votre *followership*.

Votre point de départ pourrait être de le décrire. Quelles sont les personnes qui le constituent aujourd'hui ? Pour les reconnaître, vous pouvez répondre aux deux questions suivantes :

- Qui est aujourd'hui engagé à mes côtés pour contribuer au déploiement de ma vocation professionnelle ?
- Parmi ces personnes, laquelle est susceptible de me suivre, au-delà des relations contractuelles ou hiérarchiques actuelles ?

Ensuite, l'enjeu sera de qualifier la nature du lien qui existe pour en valider l'authenticité. Et, pour cela, je vous propose de répondre aux questions suivantes :

- Est-ce que je connais la vocation professionnelle des personnes constituant mon *followership* ?

- Est-ce que je sais ce dont elles ont besoin actuellement pour donner le meilleur d'elles-mêmes au service de la mission ?
- Est-ce que je me mobilise pour leur apporter ce dont elles ont besoin ?

Enfin, la question se pose d'étendre ce *followership*. Mais, avant cela, vous devrez vous interroger sur votre capacité à l'élargir en observant la clarté de votre intention, vos modalités de contrôle et votre rapport au temps. Pour les évaluer, voici quelques questions :

- Est-ce que je dispose d'un paragraphe bref et concis indiquant ma vocation professionnelle, ma vision du succès et les éléments de preuve qui soulignent ma détermination ? À qui et quand ai-je récemment eu l'occasion de la formuler ?
- Est-ce que je suis suffisamment sûr que l'initiative aboutira pour me permettre de faire confiance à tous ceux qui veulent contribuer ? Comment ai-je réagi à la dernière proposition de contribution d'un tiers ? Comment ai-je réagi à la dernière défaillance de quelqu'un à qui j'avais fait confiance ?
- Est-ce que je travaille avec diligence, sans perdre de temps, mais sans précipitation, sachant que je suis sur un chantier de longue haleine ? Comment ai-je réagi quand j'ai pris conscience que telle ou telle action mettrait un peu plus de temps à se matérialiser ?

Disposant d'une capacité d'accueil élargie, vous pouvez désormais aller à la rencontre de votre futur *followership* en déclarant votre intention, en exprimant votre vision et en l'invitant à vous rejoindre.

Une fois votre *followership* constitué, vous devrez le faire vivre et grandir grâce à une plus grande maîtrise de vous-même et à votre sens de la justice. Voici quelques questions qui vous permettront de faire le point.

- Suis-je ponctuel ? Ai-je conscience que ne pas être ponctuel résulte – sauf cas de force majeure – d'une décision que j'ai prise auparavant dans l'emploi de mon temps, arbitrant au bénéfice d'un de mes désirs plutôt qu'en fonction de la personne qui m'attend ?
- Est-ce qu'il m'arrive de perdre mon sang-froid ?
- Est-ce que je réalise que perdre mon sang-froid ne peut provenir que de l'une des trois erreurs suivantes.
  - Je prends pour moi un fait qui existe indépendamment de moi.
  - Je crois avoir les moyens de régler le problème par mes propres forces.
  - Je pense que la force sera plus efficace que l'appel à l'intelligence et à la volonté de l'autre.
- Ai-je conscience que la maîtrise de ma sensualité est une condition nécessaire de lucidité, de liberté et de capacité à gérer les relations *leader-follower* indépendamment de mon plaisir ?
- Ai-je conscience que la maîtrise de moi-même est une condition nécessaire de crédibilité et donc de leadership ?
- Ai-je un cœur simple, c'est-à-dire sans compartiment, ou est-ce que je change de visage d'une circonstance à l'autre ? Ai-je conscience que ces multiples facettes concourent à ruiner la possibilité de relations authentiques, et confinent mes interactions à des relations superficielles sans créer d'effet d'entraînement ?
- Suis-je véridique, c'est-à-dire soucieux de dire la vérité (ce qui n'exclut pas l'erreur mais la rend non intentionnelle) ou est-ce que je joue avec les faits et retourne les situations à mon avantage ? Ai-je conscience que je détruis ainsi toute relation de confiance et de loyauté, en « montant des coups entre complices d'un moment » ?

- Ai-je à cœur de comprendre les besoins de l'autre en me mettant à sa place ? Suis-je conscient qu'en tant que leader nombre des besoins de ceux qui me suivent ne sauront pas être formulés ? Est-ce que j'en tire les conséquences sur ma qualité de présence et d'écoute des signaux faibles ?
- Suis-je prêt à faire des efforts pour soutenir ceux qui me suivent, c'est-à-dire sortir de mon confort, de ma fatigue, de mes plans personnels pour venir en aide à ceux qui me suivent si le besoin s'en fait sentir ?
- Ai-je conscience que la joie – indispensable pour établir une atmosphère sereine, agréable pour le groupe – provient de ma détermination à servir ?

L'essentiel au terme de ce chapitre est que vous parveniez à vous faire une vision claire de votre *followership* actuel et de ce qu'il vous reste à accomplir pour le faire croître et en intensifier l'engagement. Une fois cette mobilisation réussie, vous pourrez alors vous attacher à faire advenir, à faire en sorte que toute cette énergie transforme effectivement la réalité autour de vous.

Résumé du chapitre

- Pour faire passer de l'observation à l'engagement, le leader authentique doit susciter l'adhésion en respectant la liberté des membres de son équipe.
- Cette adhésion résulte de la maîtrise de soi (capacité à mobiliser toutes ses facultés au service de la mission) et d'un sens exercé de la justice (capacité à donner à chacun ce qui lui est nécessaire).
- La maîtrise de soi s'acquiert par l'affirmation de choix positifs en faveur de la mission (au détriment d'attachements secondaires). La justice s'acquiert en travaillant l'écoute, la compréhension et en choisissant de faire passer le bien de l'autre avant le sien.
- Le nombre de *followers* dépend de l'ouverture du leader, déterminée par la clarté d'expression de son intention et par son rapport maîtrisé au temps et au cours des choses.

CHAPITRE 9

Faire advenir

« Les leaders aiment l'action, ils sont des idéalistes pratiques. Ils convertissent leur vision en objectifs puis en actions. »

Warren Bennis

Pour « FAIRE ADVENIR », le leader authentique s'attache à développer des qualités de prudence et de courage, mais c'est par la responsabilisation qu'il adopte sa posture finale de « leader de leaders ». Il favorise alors la prise de décision au bon moment par la bonne personne. Pour ce faire, il doit développer ses capacités de délibération, de jugement et de décision et s'en tenir aux décisions prises, quand bien même leur mise en œuvre se révélerait difficile dans la durée. Fortes de son soutien, ses équipes peuvent s'appuyer sereinement sur sa capacité à « faire advenir » et, à leur tour, se mobiliser dans leurs tâches.

ENJEU

Comment mobiliser votre équipe pour qu'elle adhère à votre vision de leader et transforme concrètement le réel ? Tel est l'enjeu de ce chapitre. Le leader a comme rôle de « faire advenir » : que le rêve, devenu projet, soit ! Il introduit cet *imperium* qui fait passer l'équipe du registre de la conversation au mode de l'action.

PRINCIPE

Pour faciliter le passage à l'acte, il faut mobiliser la capacité de chaque personne à agir en vue d'un bien. Mais c'est au leader de passer à l'acte en premier : il dispose d'une force d'âme qui le conduit à accomplir avec diligence ce qui convient à l'exercice de la mission. C'est ensuite qu'il cherche à mobiliser cette qualité auprès de chaque membre de son équipe par l'exercice de son autorité mais en laissant chacun choisir librement. Il doit donc accepter que certains membres de l'équipe ne le suivront pas. Cette liberté respectée et assumée est l'ingrédient clé de son autorité.

MÉTHODE

Pour « faire advenir », le leader doit donc développer sa propre capacité à opportunément décider et passer à l'acte en développant les vertus de prudence et de courage. Puis il devra renforcer sa capacité à inviter les membres de son équipe à agir de même en les responsabilisant.

LA PRUDENCE

Le dirigeant est appelé à assumer une responsabilité dont il est seul détenteur : le service de la décision. La prudence est la qualité principale d'un décideur. Elle n'est pas la pusillanimité, mais une articulation convenable entre délibération et action : en d'autres termes, la capacité à prendre des décisions pertinentes « au bon endroit et au bon moment » : c'est un art de gouverner, de diriger.

La prudence naît de la présence de trois ingrédients.

* *Une délibération réaliste et exhaustive :* le leader recherche la voie à prendre et les moyens de l'accomplir.
* *Une décision juste :* le leader sélectionne la meilleure voie.
* *Un engagement ferme :* le leader décide de mettre en œuvre la décision prise.

La première étape, celle de la *délibération,* permet de collecter les informations, de générer diverses options et de les soumettre à une analyse critique. Pour être valide, le leader veillera à créer les conditions d'une authentique créativité. Le leader se fonde sur les faits et non sur les opinions, évite les rationalisations inadéquates, et lutte contre les idées préconçues ou « à la mode ». La délibération instaure, par ailleurs, les conditions d'une bonne analyse : pour cela, dans un premier temps, il reconnaît et met de côté ses préjugés en adoptant une posture d'humilité. Dans un deuxième temps, il écoute et demande conseil – sans démettre sa responsabilité – auprès de personnes prudentes. Enfin, la délibération permet, dans le souci d'un juste rapport au réel, d'évaluer les différents éléments en présence et, en particulier, de valider l'alignement avec la mission (qui doit donner son sens aux objectifs) et la compatibilité de la décision avec la nature de l'organisation. L'évaluation est conduite au regard des critères techniques et humains à disposition.

La deuxième étape de *décision* doit s'exercer en toute liberté en s'affranchissant avec intelligence d'éventuelles formes de pression provenant de l'entourage, dont le leader ne se rend parfois pas compte. La décision s'inscrit dans le désir de faire le bien.

La troisième étape de l'*engagement* doit être ferme et permettre d'acter clairement, fût-ce seulement dans le for intérieur du leader, que la décision va effectivement être mise en œuvre. Ce n'est plus l'intelligence qui travaille mais la volonté. Progresser dans cet art de diriger et de décider réclame de prendre du temps pour analyser son expérience et en tirer des enseignements. C'est un point essentiel : contrairement à certaines qualités qui s'acquièrent en *répétant* des actes, la prudence se renforce par le retour d'expérience, par l'analyse de ses actes et de leurs conséquences. Aussi, un leader aura à cœur de réserver du temps dans son agenda, seul ou en équipe, en dehors du temps de l'action, afin de considérer son action avec recul.

Le courage

Deuxième qualité pour faire advenir : le courage. Si le leader ne persévère pas, s'il n'est pas en mesure de tout donner pour une cause juste et prudente, alors son leadership n'aura pas de prise. Nul ne suit un leader qui ne s'engage pas ou qui laisse penser qu'il y a des objectifs plus importants que ce qu'il entreprend. Le courage confère au leadership toute sa puissance et sa performance. Il consiste à s'assurer des bonnes conditions de mise en œuvre des décisions, à persévérer et à ne rien négliger jusqu'au résultat – y compris à tout reprendre en cas d'échec.

Au jour le jour, il cherche à produire un effort constant et régulier, le courage n'est pas une succession de coups d'éclat.

Pour Michel Rollier, « *le courage reste un grand défi. Ne pas retarder une décision nécessaire et juste. Ne pas interrompre assez vite des aventures hasardeuses. Ne pas imposer une discipline minimale pour que le groupe soit plus fort. Voilà des occasions où le dirigeant peut faire perdre un temps précieux à son entreprise s'il manque de courage* ».

La responsabilisation

À ce stade, nous pourrions encore imaginer que le leader doit « faire » plutôt que « faire faire ». Il est, certes, clair qu'il ne cesse d'agir : c'est cette fidélité active à sa vocation professionnelle qui déclenche et nourrit son leadership. Mais, assez vite, il passera le flambeau à ceux qui l'entourent et aux personnes désireuses de contribuer à leur manière. Il « fera faire ».

Comment ? En incarnant dans chacune des actions la prudence et le courage que j'ai évoqués plus haut, mais aussi en créant les conditions du leadership des membres de l'équipe, grâce au maintien d'une tension créatrice entre confiance et exigence.

Pour responsabiliser ses équipes, le leader peut user de différents moyens.

Il *maximise les capacités de leadership* de ceux qui l'entourent en
déclenchant des opportunités pour tous ceux qui peuvent les
saisir. Il crée un environnement propice qui autorise la prise de
risque et, enfin, aide les membres de son équipe à clarifier leur
propre vision du succès et leur plan d'action.

Il *élimine la mentalité de « leaders en formation »* en exigeant que
chacun affirme son leadership dès maintenant, dans les circonstances qui sont les siennes, avec ses capacités actuelles, mais en
affectant les responsabilités de manière appropriée en fonction
des aspirations et des capacités de chacun. Il est convaincu que
c'est en pratiquant le leadership que l'on devient leader.

Il *stimule l'imagination et l'ambition* de ceux qui l'entourent en
cultivant le sens de la mission, en leur donnant la possibilité de
voir grand et en encourageant l'audace.

Enfin, il doit *lâcher prise sans rien céder sur ses exigences* en sélec-
tionnant une équipe de toute confiance et en préparant ses
collaborateurs à assumer le contrôle opérationnel qu'il leur
déléguera.

Par la prudence, le courage et la responsabilisation, le leader
authentique « fait advenir » et permet le passage à l'acte. Il a le
rôle d'une porte ouverte sur une autre réalité, un monde différent ; il contribue, par sa position, à un monde meilleur pour
la société, et devient le spectateur privilégié de l'émergence
d'une réalité que sa vocation professionnelle l'avait conduit à
rêver. Et, qui sait : parfois la réalité ne va-t-elle pas au-delà du
rêve ?

QUAND LES PETITS EFFORTS ET LA DISCRÉTION CONDUISENT AUX GRANDES CHOSES

Mon expérience d'accompagnement me conduit à observer que le passage à l'acte est probablement l'un des plus grands défis du leadership. La réflexion analytique reste souvent le lieu du confort et prendre une décision concrète, opérationnelle, qui rend tangible une ambition et engage la responsabilité, est parfois un horizon inaccessible.

Souvent, certains estiment que c'est en privilégiant la délibération que la prise de décision sera facilitée. C'est méconnaître la nature des facultés mobilisées : l'intelligence lors de la délibération *versus* la volonté lors de l'engagement. Et l'un n'influe pas sur l'autre.

Ce défi peut être surmonté par l'exercice constant de sa volonté dans des décisions simples à prendre. C'est parce que nous aurons pris l'habitude de ne pas sucrer un café (*si nous l'aimons sucré*) que nous deviendrons capables de poser une décision opportune et audacieuse, aussi étrange que cela puisse paraître.

Un autre enseignement de mes accompagnements porte sur la question du lâcher-prise lors de la transition du « management » au « leadership ». Combien sont-ils, ceux qui, après avoir gagné leurs galons et réussi à mener à bien des projets de plus en plus complexes, éprouvent des difficultés à admettre que leur valeur ajoutée se situe désormais dans le « faire advenir » et non plus dans le « faire » ?

C'est un sens plus subtil de la contribution de la personne qui se développe ici, où la présence devient d'autant plus indispensable qu'elle passe inaperçue et s'efface devant l'agir des autres. La manière d'être, la parole deviennent les ingrédients clés de l'influence : le leader catalyse l'action.

CE QUE CELA A CHANGÉ POUR
Eddy Jolicoeur, The Mauritius Commercial Bank

Avant de découvrir le leadership authentique, nous fonction-nions dans un climat tendu avec un clivage persistant entre les différentes divisions. Ce qui, vous l'imaginez, provoquait, en interne, des problèmes relationnels qui entravaient la bonne marche du département et empêchait le développe-ment des ressources. En externe, nous envoyions des si-gnaux confus aux clients.

J'ai rapidement compris que le leadership authentique me permettait de prendre du recul afin de prendre des décisions courageuses. Le processus de rechercher et d'utiliser ses moments-ressources a été un outil puissant et efficace. Le service que je dirige connaît aujourd'hui une sérénité que l'équipe recherchait depuis quelques années. Nous sommes beaucoup plus efficaces et plus crédibles.

Le concept est devenu aujourd'hui presque un réflexe : se retrouver pour retrouver les autres. Le leadership authen-tique est plus qu'un outil de management, c'est un style de vie. Ce style me permet de me remettre en question, de me ressourcer avec peu de moyens et de fédérer les membres de l'équipe. Je suis encore plus à l'écoute et suis devenu un carrefour fluide pour mes collaborateurs.

ET VOUS ?

Comment, à votre tour, développer ces qualités de prudence, de courage et votre capacité à distribuer le leadership autour de vous ?

Pour commencer, je vous propose de répondre à quelques questions.

Développer votre prudence

- Ai-je à cœur de poser des actes authentiquement personnels dans lesquels sont engagées mon intelligence, ma volonté et ma conscience ?
- Ai-je une vision équilibrée des trois temps de l'action prudente (délibération, décision, engagement) ? Est-ce que je donne à chaque étape sa juste place, notamment pour les questions délicates ?
- Suis-je attentif à m'appuyer sur des faits ? Suis-je attentif à mes préjugés, mes idées préconçues, mes rationalisations ?
- Ai-je conscience que toute décision – dès lors qu'elle implique au moins une personne (moi) – a une dimension morale que je dois analyser ?
- Ai-je fréquemment recours au conseil – sans aller y chercher un alibi ? Suis-je attentif dans le choix de mes conseillers ? Sont-ils libres, prudents et courageux, capables de tout me dire ?
- Ai-je à cœur d'établir un «ferme propos»?
- Est-ce que ma parole est un engagement ? Suis-je diligent ou ai-je tendance à repousser des décisions pour des motifs secondaires qui n'influent pas sur la délibération ?

Développer votre courage

- Est-ce qu'il m'arrive de ne pas faire ce que je souhaite faire, voire ce que j'ai décidé de faire ou ce que j'ai dit que je ferais ?
- Pour parvenir au terme d'une action, il faudra surmonter de nombreux obstacles : suis-je préparé à cela par un entraînement constant de ma volonté à faire de petits efforts ?

- Ai-je conscience que je franchirai une plus longue distance grâce à un effort constant et soutenu plutôt que par une série de coups d'éclat ?
- Ai-je une hygiène de vie qui me permet d'être disponible pour cet effort ? Ai-je conscience que l'efficacité vient de «faire ce que l'on doit et être à ce que l'on fait» ?
- Est-ce que j'arrive à trouver ma joie dans le travail et l'effort plutôt que dans le résultat ?
- L'échec est source d'humilité et occasion d'apprentissage. Ai-je cet esprit sportif face aux échecs ? Ai-je conscience que le leader est celui qui se relève toujours et vite, et non celui qui ne faillit jamais ?
- Est-ce que je fais preuve de suffisamment d'audace : pour commencer, pour voir grand, pour viser loin ?

Responsabiliser ses équipes

- Ai-je à cœur de maximiser les capacités de leadership de ceux qui m'entourent ? En créant des opportunités ? En encourageant et en supportant ?
- Suis-je attentif à éliminer une mentalité de «leaders en formation», en exigeant de chacun un leadership à sa mesure ?
- Est-ce que je stimule l'imagination et l'ambition de ceux qui m'entourent en soulignant la noblesse de la mission et en autorisant à voir grand ?
- Est-ce que je sais lâcher prise et permettre le droit à l'erreur ?
- Est-ce que j'ai le sens de l'urgence et cherche à obtenir des résultats concrets ?
- Est-ce que je cultive la cohérence entre mes paroles et mes actes dans les moindres choses pour que – dans les équipes – la parole ait du poids ?

• Est-ce que je célèbre les victoires obtenues pour partager la joie de voir se réaliser le rêve de chacun et de tous ?

L'essentiel au terme de ce chapitre est que vous déteniez une vision claire de la manière d'améliorer – si besoin en était – votre capacité à «passer à l'acte» et à «faire advenir». Cette capacité rend fertiles les précédentes, car passer du rêve au projet, puis de l'observation à l'engagement, modifie très tangiblement la réalité. C'est alors que s'enclenche la spirale vertueuse du leadership authentique, le succès appelant le succès.

Et vous, qu'allez-vous faire demain matin pour faire un pas vers votre vision ?

Résumé du chapitre

• Pour faire advenir, le leader authentique doit agir avec prudence et courage, conformément à sa vocation et adopter une posture de « leader de leaders ».
• La prudence s'acquiert par un retour régulier sur son expérience et celle de ses équipes (ce qui implique des temps de prise de recul). Le courage s'acquiert par la constance dans l'effort.
• La responsabilisation – cette posture de « leader de leaders » – s'acquiert par le détachement des bénéfices de l'action et le désir de faire naître – ici et maintenant – des vocations de leader.

Conclusion
Osons le leadership authentique !

> *« Devenir un leader, c'est devenir soi-même.*
> *C'est ce qui rend la chose*
> *à la fois si facile, et si difficile. »*
> Warren Bennis

Nous voici parvenus au terme de cette invitation au leadership authentique. J'aimerais partager avec vous quelques conclusions tirées de mon expérience et de mes réflexions à propos de l'impact du leadership authentique.

L'IMPACT SOCIAL D'UN LEADER AUTHENTIQUE

La dynamique positive enclenchée par un leader authentique fidèle à sa vocation se déploie selon deux axes : d'abord, *auprès de ceux qui ont une vocation similaire*, ensuite, *auprès de ceux qui bénéficient de son initiative*.

Auprès de ceux qui ont une vocation similaire, il les inspire à son tour et en fait de nouveaux leaders au fur et à mesure que son influence s'étend. Son influence s'élargira progressivement : d'abord au sein d'une équipe à taille humaine, puis au sein d'une organisation plus structurée et grande, enfin, à un niveau d'ordre collectif (corps intermédiaires, associations…), voire en contribuant à l'expression d'une politique publique (par la participation à une association professionnelle, par l'exercice d'un mandat exécutif public, par la voie législative, par influence citoyenne). La recette de cette influence grandissante est unique : la loyauté à la vocation. En effet, le leader authentique sert sa vocation et les personnes autour de lui avant de chercher à organiser une dynamique. La dynamique ne précède jamais la vocation. Le leader qui focalise son intention sur le déclenchement, le développement et l'accompagnement d'une dynamique perd de fait son authenticité, et donc son leadership. C'est ainsi qu'un leader politique devra avoir à cœur de servir un projet avant de s'engager dans la maîtrise d'un appareil.

Auprès de ceux qui bénéficient de son initiative, le leader, par son authenticité, leur procure non seulement divers services, mais de véritables «moments-ressources» (au sens du chapitre 5). Ces moments-ressources déclenchent alors chez eux un sentiment de gratitude mais surtout un désir et une capacité de mieux faire ce qu'ils ont à faire. Bien que plus subtile, cette cascade d'authenticité a une véritable conséquence sociale : plus il y aura de leaders authentiques, plus il sera aisé pour chacun de rejoindre sa propre vocation et de la servir authentiquement. Sous cet angle, nous pourrions presque dire que le leadership authentique est une question politique, influençant significativement notre vivre-ensemble.

L'AGILITÉ D'UN LEADER AUTHENTIQUE

La mise en œuvre du leadership authentique conduit à l'émergence de collégialités, des équipes au sein desquelles est vécu le leadership authentique et qui − de ce fait − disposent elles-mêmes d'un leadership, cette fois-ci vis-à-vis de toute l'organisation. Cela conduit à une efficacité durable, marquée par des résultats hors normes, obtenus dans une grande satisfaction.

Michel Rollier en est également persuadé : «*Soyons sûrs que la mise en œuvre de valeurs humaines fortes est un facteur d'efficacité économique.*»

Dans un contexte de leadership authentique, l'équipe puis l'organisation évoluent pour aboutir à trois caractéristiques.

- Chaque personne se sent *engagée* et mobilise le meilleur de ses capacités au service de la raison d'être de l'organisation : c'est le fruit de la décision du leader authentique de *servir un dessein*.
- Chaque personne est à sa *meilleure place* et produit, de ce fait, de meilleures performances à capacité donnée : c'est le fruit de la décision du leader authentique de *servir ceux qui lui sont confiés*.
- Chaque personne se *développe, se transforme* pour acquérir les compétences qui lui sont nécessaires : c'est le fruit de la décision du leader authentique de *se transformer authentiquement*.

Une collégialité dans laquelle les salariés se sentent «à la bonne place», «engagés» et «en progrès continu» développe une performance hors normes, qui n'est pas obtenue au prix d'une mécanisation des relations mais, au contraire, en révélant ce qu'il y a de meilleur dans l'humanité de chacun pour le convoquer au service de tous.

Ainsi, mois après mois, le leader authentique va devenir un «leader de leaders» et sa préoccupation sera alors triple, celle d'avoir soin :

- De lui-même comme leader authentique, une tâche qui ne cesse jamais ;
- De chaque membre de la collégialité qui lui est confiée, pour lui-même et en tant que membre de la collégialité ;
- Des piliers du leadership de la collégialité (sa raison d'être ensemble, sa vision collégiale du succès, ses défis, ses modes de coopération par l'amitié professionnelle de ses membres).

Après plusieurs années d'expérience, force est de constater les fruits précieux de cette approche sur les personnes et les équipes. Il est grand temps de la connaître pour en faire bénéficier le plus grand nombre... car qui sommes-nous pour priver le monde du meilleur de ce que nous avons reçu ?

« *Notre peur la plus profonde n'est pas que nous ne sommes pas à la hauteur. Notre peur fondamentale est que nous sommes puissants au-delà de toute limite. C'est notre propre lumière et non pas notre obscurité qui nous effraie le plus.*

Nous nous posons la question : « Qui suis-je moi, pour être brillant, radieux, talentueux et merveilleux ? » En fait, qui êtes-vous pour ne pas l'être ?

Vous restreindre, vivre petit, ne rend pas service au monde. Il n'y a rien de lumineux à se diminuer pour ne pas inquiéter autour de soi.

Nous sommes tous appelés à briller, pas seulement quelques-uns. Et au fur et à mesure que nous laissons s'éclairer notre propre lumière, nous donnons inconsciemment aux autres la permission de faire de même.

Si nous nous libérons de notre propre peur, notre présence libère automatiquement les autres. »

Nelson Mandela,
Extrait du discours d'investiture
à la présidence de l'Afrique du Sud en 1994.

Postface

Lumineux et efficace. L'ouvrage de François-Daniel Migeon honore parfaitement la promesse de son titre. Il invite de façon claire, comme un chef doit le faire, à la compréhension d'un message simple : montrer la place du service d'autrui dans un leadership qu'il appelle « authentique » et qui dévoile son efficacité pour élever chacun et mieux réussir la mission commune.

En ce sens, l'auteur rend un service signalé à tous ceux qui se trouvent en situation d'avoir à exercer un leadership, c'est-à-dire en réalité presque tous nos concitoyens. Même si c'est au monde de la vie professionnelle que ce travail se réfère, ses enseignements sont transposables à la vie associative ou à la vie familiale, en tant que toute œuvre collective, même au niveau de la cellule la plus modeste, exige un sens et une organisation qui mobilisent le meilleur de chacun.

Cet ouvrage est un dialogue entre l'expérience de l'auteur et une réflexion dont on comprend qu'elle mûrit depuis de longues années. Il se lit aisément et donne directement à réfléchir, non pas de façon désincarnée, mais en prenant à partie chacun d'entre nous dans son expérience de leader au quotidien.

André Maurois a écrit en 1966 *Lettre ouverte à un jeune homme sur la conduite de la vie* (Albin Michel), petite perle dans laquelle il rappelle quelques règles simples : « *La première est qu'il faut vivre pour autre chose que soi. L'homme qui médite sur lui-même trouvera toujours mille raisons d'être malheureux. (…) Au lieu de raturer un passé que rien ne peut abolir, essayez de construire un présent dont vous serez ensuite fier.* » L'auteur ne dit pas autre chose. On peut obtenir le meilleur de ses collaborateurs en se mettant concrètement à leur service, dans une maïeutique de l'empathie et de l'entraînement, favorisée par la détermination d'un sens commun de l'action qui doit être conduite ensemble.

Au-delà des mots, François-Daniel Migeon illustre son ouvrage d'exemples. Il invite aussi le lecteur à des exercices concrets de mise en situation. Ceux-ci sont choisis de façon tellement pertinente que personne ne peut échapper au jugement de sa conscience, dans le secret de sa lecture. L'auteur nous prend par la main tout au long du livre afin de s'assurer que l'on n'échappera pas aux questions essentielles. Quel décapage ! Quelle leçon ! Mais, surtout, quel enthousiasme ! On achève ce livre avec la certitude renouvelée qu'aucune situation, aussi périlleuse soit-elle, ne résiste à un engagement personnel. Chacun, à sa place, peut donner un sens aux entreprises qu'il conduit, changer le cours des choses, et lutter à sa manière contre la crise qui vient, qui est aussi une crise du sens et de l'engagement.

Augustin de Romanet,
président-directeur général d'Aéroports de Paris,
ancien directeur de la Caisse des dépôts et consignations.

Glossaire

Agilité : capacité à accueillir le réel, à générer des intuitions collaboratives, fluides et pertinentes et à agir. L'agilité est le fruit de l'activation des fondamentaux du leadership (centrage, consentement à sa vocation professionnelle, consentement à la rencontre en sympathie et consentement à la mise en œuvre des intuitions). Elle consiste à donner le meilleur de soi-même et à permettre aux personnes en présence de faire de même.

Auto-trahison : mécanisme selon lequel une personne trahit ses intuitions. Elle pense qu'elle devrait faire quelque chose mais elle ne le fait pas. L'auto-trahison conduit à la résistance de la relation concernée.

Leadership : capacité à déclencher des dynamiques collégiales opportunes. L'acte élémentaire du leadership consiste à offrir une rencontre qui « donne envie de se mettre en mouvement ». Une telle rencontre advient quand le leader donne du sens, établit une relation exigeante et bienveillante avec les personnes présentes et inspire confiance.

Moment-ressource : moment personnel propre à chaque personne qui, revisitant sa mémoire relationnelle, identifie le moment où elle a fait l'expérience de la plus grande bienveillance. Ce moment dont la personne fait mémoire pour se centrer, en situation de résistance ou lors d'un retour en zone est le moyen le plus rapide et impactant pour revenir au réel et susciter des intuitions agiles.

Moment vocationnel : moment où la personne fait l'expérience qu'elle apporte une valeur ajoutée de manière fluide et naturelle en suscitant l'engagement des bénéficiaires. Dans un moment vocationnel, la personne répond de manière alignée à sa vocation professionnelle. En vivant un moment vocationnel, elle procure un moment-ressource.

Retour en zone : processus grâce auquel la personne, à partir d'une situation/relation en résistance, va concevoir une solution agile par la convocation successive de son moment-ressource, de sa vocation professionnelle et du choix de la sympathie. Le retour en zone est un exercice court et efficace pour faire de toute circonstance une opportunité de leadership.

Sympathie vs résistance : ces deux notions correspondent à deux états de notre manière d'être. Quand la personne est en sympathie avec une autre personne, elle est en situation de formuler des intuitions agiles, de donner le meilleur d'elle-même et d'accueillir le meilleur de l'autre. Quand la personne est en résistance, l'autre est « objectivé », traité comme un instrument, un obstacle ou par l'indifférence selon l'intérêt de la personne en résistance. La résistance provoque la résistance de l'autre alors que la sympathie invite à la sympathie.

Symptôme de résistance : le premier symptôme de résistance est le premier signe physique qui apparaît lorsque la personne entre en résistance. Il est différent pour chaque personne. Par l'auto-observation, la personne parvient à en affiner la détection. Il est le signal à saisir pour prendre conscience de la résistance et ne pas se laisser embarquer dans la spirale auto-justificatrice de la résistance.

Vocation professionnelle : synthétise en une phrase brève la finalité du geste la plus engageante pour la personne. Lorsque quelqu'un agit « au nom », « en vue » de sa vocation professionnelle elle s'engage dans le réel pour y déployer le meilleur d'elle-même. La vocation professionnelle est source de sens et d'énergie pour soi et pour les autres.

Zone de leadership : lieu intérieur habité par une personne centrée par son moment-ressource qui consent à sa vocation professionnelle, à la rencontre en sympathie et au déploiement des intuitions qui en découlent.

Bibliographie

ALPHONSO Herbert, *Tu m'as appelé par mon nom*, Paris, Saint-Paul, 1993.

ANDRÉ Christophe, *Méditer, jour après jour*, Paris, L'Iconoclaste, 2011.

BENNIS Warren, *On Becoming a Leader*, New York, Basic Books, 2009.

BUBER Martin, *Le Chemin de l'homme*, Paris, Édition du Rocher, 1989.

CHAVEL Thierry, *La pleine conscience pour travailler en se faisant du bien*, Paris, Eyrolles, 2012.

COVEY Stephan R., *The 8th Habit : From Effectiveness to Greatness*, 2006.

FRANKL Emil Viktor, *Man's Search for Meaning*, Boston, Beacon Press, 2006.

GEORGE Bill, *Authentic Leadership : Rediscovering the Secrets to Creating Lasting Values*, Jossey-Bass, 2003

GREENLEAF Robert, *The Servant as Leader*, Indianapolis, Robert K. Greenleaf Center, 1982.

HAVARD Alexandre, *Virtuous Leadership*, New Rochelle, Scepter Publishers, 2007.

MONBOURQUETTE Jean, *Apprivoiser son ombre : le côté mal aimé de soi*, Paris, Points Vivre, 2015

ROGERS Carl R., *On Becoming a Person*, Boston, Mariner Books, 1995.

Young Jeffrey E. et Klosko Janet S., *Je réinvente ma vie*, Montréal, Les Éditions de l'Homme, 1995.

Warner Terry, *Bonds That Make Us Free*, Salt Lake City, The Shadow Mountain, 2001.

Index

CPSIA information can be obtained
at www.ICGtesting.com
Printed in the USA
LVHW012313200620
658106LV00007B/538

9 "781822"566383